KB173753

공자학원 중국어

한양대학교
공자아카데미

서원남

어문학사

공자학원 중국어

서원남 지음

한양대학교
공자아카데미

어문학사

● 차례 ●

Part 4 생활회화 익히기

Part 5 알아두면 힘이 되는 중국상식

Part 1

중국어 발음 배우기

▦▦▦ 1. 중국어의 역사와 발전 ▦▦▦

중국(中国)의 정식 국가 명칭은 중화인민공화국(中华人民共和国)
이며, 수도인 베이징(北京)을 포함하여 23개의 성과 5개의 자치구, 4
개의 직할시, 2개의 특별행정구로 이루어져 있다. 한족(汉族)을 포
함하여 모두 56개의 소수민족으로 구성되어 있으며 인구는 14억명
에 육박한다. 55개의 소수 민족 가운데 회족(回族)과 만주족(满洲族)
만이 중국어를 통용하고, 나머지 53개의 소수민족은 각자의 민족 고
유언어를 사용하고 있다. 자신들만의 고유 문자를 가지고 있는 민족
도 21개에 달한다. 중국어, 즉 한어(汉语)는 역사적으로 상(商)나라,
주(周)나라에서부터 시작하여 한(汉), 당(唐), 송(宋), 원(元), 명(明),
청(清)시기를 거치며 지역별 음의 차이를 극복하기 위한 표준화 작업
들이 진행되어 왔다. 그에 따라 명칭도 아음(雅音), 아언(雅言), 통어
(通语), 관화(官话), 국어(国语), 보통화(普通话)로 변화되었다.

◆ **보통화**(普通话): 중국어를 뜻하는 말은 한어(汉语)이고 그 의미는
중국 인구의 90%를 차지하고 있는 한족의 언어라는 뜻을 내포하고 있
다. 중국은 땅이 넓어 지역마다 사투리를 사용하고 있는데, 그 차이가
우리나라와는 비교가 되지 않을 정도로 심하다. 따라서 중화인민공화
국 성립 후인 1955년에 중국인의 공통어, 즉 표준어의 정식명칭을 "보
통화(普通话)"로 제정하였다. 보통화를 제정할 때 그 기준으로 삼은
것이 북방 지역의 방언과 북경어의 음이다. 따라서 북경어의 음이 보
통화의 근간이 되고, 어휘나 문법체계는 북방 지역의 방언을 기초로

이루어 졌다. 오늘날 세계인들이 배우는 중국어가 바로 보통화(普通话)이다.

◆ **한자**(汉字): 한자는 중국의 문자로서 모든 말과 글을 표현하는 도구이다. 한자는 갑골문을 시작으로 오랜 기간 동안 형체가 변하여 갑골문(甲骨文), 금문(金文), 전서(篆书), 예서(隶书), 해서(楷书)라는 이름으로 사용되었다. 그 변화의 핵심은 자형의 간소화이다. 이러한 문자 간소화 작업은 1919년 5.4 운동을 기점으로 더욱 본격적으로 진행되었으며 중화인민공화국 성립 후에는 몇 차례 표준 간체자를 제정 공표하였다. 이러한 과정을 거쳐 2001년 정식으로 보통화(普通话)와 함께 간체자(简体字)가 법적으로 그 지위를 갖게 되었다. 따라서 기존의 한자는 번체자(繁体字)라 불리우며 현재 주로 대만과 홍콩에서 사용하고 있다.

◆ **한어병음**(汉语拼音): 한자는 글자를 보면 뜻을 유추해서 알 수 있는 표의문자(表意)이다. 한어병음은 신중국 설립 후 1955년 주유광(周有光)의 창시로 시작된 중국어의 한자음을 로마자로 표기하는 발음부호이다. 한어병음자모는 현대 표준어인 보통화 발음을 로마자 자모로 표기하여 성모 21개와 운모 36개로 구성되어 있다.

　모든 중국어는 글자마다 한국어의 자음과 유사한 성모, 모음과 유사한 운모, 그리고 높낮이를 표시하는 성조로 이루어져 있다. 중국어 음절의 첫머리에 오는 자음이 성모이고, 성모를 제외한 나머지 부분이 운모이며, 음절의 높낮이를 표시하는 것이 성조이다. 중국어는 성모와 운모가 결합하여 발음을 하는데, 21개의 성모와 36개의 운모가 결합하여 총 400여 개의 발음을 낼 수 있다.

성모

　현대 표준 중국어인 보통화의 성모는 21개로 모두 자음으로 구성된다. 이 21개의 성모는 순음을 제외하고는 모두 혀의 위치에 따라 구분된다. 소리를 내기 위해서 편의상 뒤에 적당한 자음(운모)를 붙여서 발음 연습을 한다.

＊순음[b(ㅂ)·p(ㅍ)·m(ㅁ)·f(ㅍ)] : 양 입술을 가볍게 붙였다 떼면서 소리를 낸다. 뒤에 운모 (o)오를 붙여 발음해보자.

　　b+o=bo(뽀오)　　p+o=po(포오)　　m+o=mo(모오)　　f+o=fo(퍼어)

★ 설첨중음[d(ㄷ or ㄸ)·t(ㅌ)·n(ㄴ)·l(ㄹ)] : 혀끝을 윗니 뒷부분에 붙였다 떼며 내는 소리이다. 뒤에 운모 (e)어를 붙여 발음해보자.

    d+e=(뜨어)   t+e=te(트어)   n+e=ne(느어)   l+e=le(러어)

★ 설근음[g(ㄱ or ㄲ)·k(ㅋ)·h(ㅎ)] : 혀뿌리로 목구멍을 막았다가 트면서 내는 소리이다. 뒤에 운모 (e)어를 붙여 발음해 보자.

    g+e=ge(끄어)   k+e=ke(크어)   h+e=he(흐어)

★ 설면음[j(ㅈ)·q(ㅊ)·x(ㅅ)] : 혓바닥 중간 부분을 입천장에 붙였다 떼면서 내는 소리이다. 뒤에 운모 (i)이를 붙여서 발음해보자:

    j+i=ji(지)   q+i=qi(치)   x+i=(시)

★ 설첨후음[zh(즈)·ch(츠)·sh(스)·r(르)] : 혀끝을 입천장에 달듯말듯 말아서 내는 소리이다. 뒤에 +(i)를 붙여서 발음해보자.

    zh+i=zhi(즈)   ch+i=chi(츠)   sh+i=shi(스)   r+i=ri(르)

★ 설첨전음[z(쯔)·c(츠)·s(쓰)] : 혀끝을 윗니 뒤에 붙였다 떼면서 소리를 낸다. 뒤에 (i)를 붙여서 발음해보자.

    z+i=zi(쯔)   c+i=ci(츠)   s+i=si(쓰)

운모

 현대 표준 중국어인 보통화의 운모는 38개이며, 단운모, 복운모, 비운모로 나누어진다. 단운모는 하나의 모음으로, 복운모는 두 개 또는 세 개의 모음으로 이루어진 운모이다. 비운모는 하나 또는 두 개의 모음 뒤에 자음 n이나 ng가 결합한 형태의 운모이다.

* 단운모

  a: [아] / o: [오] / e: [어] / i: [이] / u: [우]

  Ü: [위] / er: [얼] / ê: [에] / i:[으]

* 복운모

  ai: [아이] / ei: [에이] / ao: [아오] / ou: [어우]

  ia: [야] / ie: [예] / ua: [와] / uo: [워] / Üe: [웨]

  iao: [야오] / iou: [요우] / uai: [와이] / uei: [웨이]

* 비운모

  an: [안] / en: [언] / ian: [옌] / in: [인] / uan: [완] / uen: [원]

  Üan: [위안] / Üun: [윈] / ang: [앙] / eng: [엉] / ong: [옹]

  iang: [양] / ing: [잉] / iong: [용] / uang: [왕] / ueng: [우엉]

성조

　중국어에서 성조는 동음자의 의미 변별 역할을 한다. 예를 들면 중국어에서 ma로 발음되는 한자들이 妈(mā)/麻(má)/马(mǎ)/骂(mà) 등이 있다. 중국사람들은 바로 妈(mā)-麻(má)-马(mǎ)-骂(mà) 사성의 성조를 통해서 단어의 뜻을 구별한다. 중국어 성조는 제1성/제2성/제3성/제4성 등 네 가지로 구분되는데 보통 사성(四声)이라고도 부른다. 각 성조의 높낮이와 표기 방법은 다음과 같다.

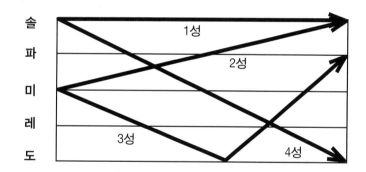

[보충]

경성(轻声): 중국어에는 4성 외에 마지막 음절에서 짧고 가볍게 읽어주는 성조가 있는데 이것을 경성이라고 한다. 경성은 4성과 달리 고정된 음의 높낮이가 없어서 4성에는 포함되진 않지만 실제 회화에서는 많이 사용되고 있으므로 발음시에 유의해야 한다. 경성의 부호는 '·'이지만 실제 발음 표기에서는 일반적으로 생략한다.

★ 妈妈(엄마) māmā → māma

　1성+경성

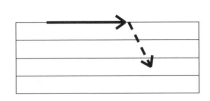

★ 朋友(친구) péngyǒu → péngyou

　2성+경성

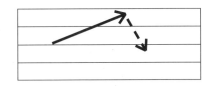

★ 奶奶(할머니) nǎinǎi → nǎinai

　3성+경성

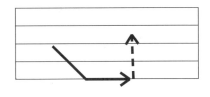

★ 妹妹(여동생) mèimèi → mèimei

　4성+경성

Part 1

· 일반적으로 한어병음은 [성모+운모] 의 형태로 결합하지만 몇 가
  지에 대해서는 유의할 필요가 있다.

★ i로 시작하는 음절로서 앞에 성모가 오지 않을 경우에는 i 앞에 y를
  붙여 'yi' 로 표기한다.

  ~+ì → yì → 意思(yì+si)   ~+ī → yī → 医院(yī+yuàn)

★ u가 단독 음절일 경우에는 w를 앞에 붙여 'wu' 로 표기한다.

  ~+ù → wǔ → 物价(Wù jià)   ~+ǔ → wǔ → 跳舞(tiào wǔ)

★ Ü로 시작하는 음절로서 앞에 성모가 없는 경우에는 'yu' 로 표기한다.

  ~+Ü → yú → 渔夫(yú fū)   Ü+ān → yuān → 冤枉(yuān wang)

★ iou 앞에 성모가 없을 경우에는 i 대신에 'y' 를 쓴다. 만약 성모가
  오면 iou 중 'o' 를 뺀다.

  ~+iou→yòu → 保佑(bǎoyòu)   j+ iou → jiǔ → 九(jiǔ)

★ uei 와 uen 앞에 성모가 없을 경우에는 u 대신 'w' 를 쓴다. 또한 성
  모 결합시는 'e' 를 생략한다.

  ~+uei → wěi → 尾(wěi)   ~+uen → wén → 文(wén)

  sh+uei → shuì → 睡(shuì)   k+uen → kǔn → 捆(kǔn)

성조의 표기

* 성조는 반드시 모음 a, o, e, i, u, ü 위에만 표기한다. 그러나 두 개 이상의 모음이 한 단어에 동시에 사용되었을 경우에는 a 〉o = e 〉i 〉u = ü 순서로 표기한다.

马 m+a → mǎ   脖 b+o → bó   德 d+e → dé   猪 zh+u → zhū

毛 m+ao → máo   得 d+ei → děi   爹 d+ie → diē   后 h+ou → hòu

教 j+iao → jiāo   快 k+uai → kuài   脸 l+ian → liǎn

* i 와 u는 하나만 있을 경우는 우선 순위대로 하면 되는데 함께 사용될 경우에는 무조건 뒤의 것에 표기하면 된다.

六 l+iu → liù   最 z+ui → zuì   贵 g+ui → guì   秋 q+iu → qiū

* 경성일 경우에는 성조 표기를 하지 않는다.

我们 wǒ+men   竹子 zhú+zi   馒头 mán+tou   这个 zhè+ge

Part 2

기초 중국어 문법

1. 중국어의 문법 단위

◈ **형태소**: 소리와 의미가 결합된 가장 작은 문법 단위

好(hǎo+좋다)   地(dì+땅)   打(dǎ+때리다)   玻璃(bōli+유리)

◈ **단어**: 특정한 의미와 고유의 소리를 가지고 독립적으로 사용할 수 있는 가장 작은 문법 단위.

漂亮 piàoliang (아름답다)   明星 míngxīng (스타)

太阳 tàiyáng (태양)   病人 bìngrén (환자)

◈ **구**: 두 개 이상의 단어와 단어를 일정한 규칙에 맞게 결합시킨 문법 단위

中国(중국) + 人(사람) → 中国人 Zhōngguórén (중국사람)

首都(수도) + 北京(베이징) → 首都北京 shǒudū Běijīng (수도 베이징)

大门(대문) + 外(밖) → 大门外 dàménwài (대문 밖)

一(하나) + 朵(송이) + 花(꽃) → 一朵花 yìduǒhuā (꽃 한 송이)

那(그) + 个(양사) + 人(사람) → 那个人 nàgerén (그 사람)

2. 중국어의 문장 성분

◆ **주어**: 문장의 행위자나 동작의 주체로서 문장의 앞쪽에 위치하며, 주로 명사 또는 명사구로 이루어진다.

天气很好。
Tiānqì hěn hǎo
날씨가 매우 좋습니다.

我的妹妹回家了。
Wǒ de mèimei huí jiāle
내 여동생은 집으로 돌아갔습니다.

◆ **술어**: 주어에 대하여 서술을 하는 성분으로 동사(구)나 형용사(구)로 이루어진다.

我送你回家。
Wǒ sòng nǐ huí jiā
내가 집까지 데려다 줄게요.

我姐姐已经成家了。
Wǒ jiějie yǐjīng chéngjiāle
저의 누나는 이미 결혼 했습니다.

这个苹果甜。
Zhège píngguǒ tián
이 사과는 달아요.

这里的西瓜非常甜。
Zhèlǐ de xīguā fēicháng tián
이곳의 수박은 매우 달아요.

◆ **목적어**: 동사가 나타내는 행위의 대상이 되는 존재를 가리키는
　　　 문장성분으로 주로 명사(구)로 이루어진다.

他们喜欢中国。
Tāmen xǐhuān Zhōngguó
그들은 중국을 좋아합니다.

他们买了一台电脑。
Tāmen mǎile yì tái diànnǎo
그들은 컴퓨터 한 대를 샀습니다.

◆ **관형어**: 주어나 목적어로 쓰인 명사성 중심어를 꾸며주는 성분
　　　 이다. 그러나 동사가 관형어가 될 경우에는 반드시 구조
　　　 조사 '的(de)' 를 붙여 중심어와 연결시킨다.

我们(的)学校有很多外国留学生。
Wǒmen (de) xuéxiào yǒu hěnduō wàiguó liúxuéshēng
우리 학교에는 매우 많은 외국 유학생이 있습니다.

他们想去商店买漂亮(的)衣服。
Tāmen xiǎng qù shāngdiàn mǎi piàoliang (de) yīfu
그들은 상점에 가서 예쁜 옷을 사고 싶어합니다.

今天买的书都是很贵的。
Jīntiān mǎi de shū dōu shì hěn guì de
오늘 산 책은 모두 매우 비쌉니다.

◆ **부사어**: 동사나 형용사가 술어로 쓰일 때 술어성 중심어를 꾸며주는 문장 성분이다. 부사어 뒤에 구조조사 '地(de)'가 오기도 한다.

他们常常去图书馆。
Tāmen chángcháng qù túshūguǎn
그들은 자주 도서관에 갑니다.

我们努力地学习了一年的汉语。
Wǒmen nǔlì de xuéxíle yì nián de hànyǔ
우리들은 중국어를 일년 동안 열심히 공부했습니다.

◆ **보어**: 술어 뒤에 오며 술어를 보충 설명하는 문장성분으로 동사와 형용사가 사용된다. 주로 동작이나 행위의 결과, 가능, 방향, 수량 및 성질이나 상태의 정도를 나타낸다. 정도를 표시할 경우에는 구조조사 '得(de)'를 사용한다.

[보어의 종류]

★ 결과보어: 주어+동사+결과보어(完/懂/好)+목적어

我们看完昨天的新闻了。
Wǒmen kàn wán zuótiān de xīnwénle
우리들은 어제 뉴스를 다 보았습니다.

我们听懂了老师讲的话。
Wǒmen tīng dǒngle lǎoshī jiǎng dehuà
우리들은 선생님이 하신 말씀을 듣고 이해했습니다.

☞ 결과보어의 부정: 还没有~呢 Hái méiyǒu ~ne

아직~결과를 보지 못했다.

我们还没有看完昨天的新闻呢。
Wǒmen hái méiyǒu kàn wán zuótiān de xīnwén ne
우리들은 어제 뉴스를 아직 다 보지 못했습니다.

* 가능보어: '할 수 있다', '할 수 없다'를 나타냄.

주어 + 동사 + 得(de) + 결과보어/방향보어 + 목적어

我听得懂他说的话。
Wǒ tīng dedǒng tā shuō dehuà
나는 그가 하는 말을 이해할 수 있습니다.(가능)

他买得起手机。
Tā mǎi de qǐ shǒujī
그는 핸드폰을 살 수 있습니다.(가능)

☞ 가능보어의 부정문: 주어 + 동사 + 不(bù) + 결과보어/방향보어 + 목적어

我听不懂他说的话。
Wǒ tīng bu dǒng tā shuō dehuà
나는 그가 하는 말을 이해할 수 없어요.

他买不起手机。
Tā mǎi bu qǐ shǒujī
그는 핸드폰을 살 수 없어요.

★ 방향보어: 방향보어는 동작에 방향성을 부여해 주는 기능으로 동
　　사인 来(lái)와 去(qù)가 사용된다.

　　　　주어 + 동사 + 来(lái)/去(qù)

　　　　你们都快上来吧。
　　　　Nǐmen dōu kuài shànglái ba.
　　　　너희들 모두 빨리 올라와.

　　　　好的, 我们马上进去。
　　　　Hǎo de, wǒmen mǎshàng jìnqù
　　　　알았습니다, 바로 들어가겠습니다.

★ 来(lái)와 去(qù)가 上(shàng), 下(xià), 进(jìn), 出(chū), 回(huí),
过(guò), 起(qǐ) 등과 함께 사용되면 그 뜻이 세분화된다. 예를 들
면 다음과 같다.

　　　走上来 zǒu shànglái (걸어 올라오다)
　　　走下来 zǒu xiàlái (걸어 내려오다)
　　　走出来 zǒu chūlái (걸어 나오다)
　　　走出去 zǒu chūqù (걸어 나가다)
　　　站起来 zhàn qǐlái (일어서다)

★ **방향보어의 배열 순서**
　　－ 목적어가 장소를 나타내는 말인 경우 목적어는 반드시 来
　　　(lái), 去(qù) 앞에 온다.

예) 他们都走进公司来了。

Tāmen dōu zǒu jìn gōngsī láile

그들은 모두 회사로 들어왔습니다.

— 목적어가 장소를 나타내는 말이 아닌 경우에는 来, 去 앞뒤에
모두 올 수 있다.

예) 他叫我拿来我的护照。

Tā jiào wǒ ná lái wǒ de hùzhào

그는 나에게 여권을 가지고 오라고 하였습니다.

예) 他叫我拿我的护照来。

Tā jiào wǒ ná wǒ de hùzhào lái

그는 나에게 여권을 가지고 오라고 하였습니다.

☞ 방향보어의 부정은 동사 앞에 부정부사 没有méiyǒu 를 놓는다.
실제 사용에서는 没(méi) 만 사용한다.

예) 我没回去。

Wǒ méi huíqù

나는 돌아가지 않았습니다.

他没带护照来。
Tā méi dài hùzhào lái
그는 여권을 가지고 오지 않았습니다.

他没带来护照。
Tā méi dài lái hùzhào
그는 여권을 가지고 오지 않았습니다.

* 정도보어 : 술어 뒤에 붙어서 술어의 정도를 보충해 주는 성분

주어 + 술어 + 得(de) + 보어

예) 他说得快。

Tā shuō dekuài

그는 말이 빠릅니다.

我起得早。

Wǒ qǐ dezǎo

나는 일찍 일어납니다.

他唱得很好。

Tā chàng dehěn hǎo

그는 노래를 매우 잘 합니다.

— 목적어가 있을 경우에는 동사를 반복하여 동사 + 목적어 + 동

사 + 得(de) + 보어의 형식을 취한다.

예) 他说英语说得非常好。

Tā shuō yīngyǔ shuō de fēicháng hǎo

그는 영어를 매우 잘 말합니다.

他唱歌唱得很好。

Tā chànggē chàng de hěn hǎo

그는 노래를 매우 잘 합니다.

☞ 정도보어의 부정은 다음 두 가지 형식을 사용한다.

① 주어 + 동사 + 得(de) + 不(bù) + 보어

예) 他唱得不好。

Tā chàng de bù hǎo

그는 노래를 잘하지 못합니다.

② 주어 + 동사 + 목적어 + 동사 + 得(de) +不(bù) + 보어

예) 他写字写得不好。

　　Tā xiězì xiě de bù hǎo

　　그는 글자를 잘 쓰지 못합니다.

他吃饭吃得不多。
Tā chīfàn chī de bù duō
그는 밥을 많이 먹지 않습니다.

＊ 동량보어: 동작이나 행위와 관련된 횟수를 보충(주어+동사+보어)

我看过两次。
Wǒ kànguò liǎngcì
나는 두 번 본 적이 있습니다.

他去过三次。
Tā qùguò sāncì
그는 세 번 가본 적이 있습니다.

＊ 목적어가 있을 경우, 그 목적어가 일반명사일 경우 동량보어는 목
　적어 앞, 그 목적어가 인칭대명사일 경우 동량보어는 목적어 뒤, 목
　적어가 사람이나 장소를 나타내는 명사인 경우 동량보어는 목적어
　앞뒤에 자유롭게 위치 함.

예) 我在北京吃过三次火锅。

　　Wǒ zài Běijīng chīguò sāncì huǒguō
　　나는 북경에서 훠궈를 세 번 먹어보았습니다.

我见过她一次。

Wǒ jiànguò tā yícì

나는 그녀를 한 번 만난 적이 있습니다.

我去学校找你两次了。

Wǒ qù xuéxiào zhǎo nǐ liǎngcì le

나는 학교에 가서 너를 두 번 찾았어.

我去了三次北京　＝　我去了北京三次。

Wǒ qùle sāncì Běijīng　＝　wǒ qùle Běijīng sāncì

나는 북경에 세 번 갔습니다.

我在上海的时候. 见过金老师一次。

Wǒ zài Shànghǎi de shíhòu, jiànguò Jīn lǎoshī yícì

= 我在上海的时候. 见过一次金老师。

wǒ zài shànghǎi de shíhòu, jiànguò yícì jīn lǎoshī

내가 상하이에 있었을 때, 김선생님을 한 번 만난 적이 있습니다.

* 시량보어: 동작이나 행위와 관련된 시간량을 나타내며, 주로 동작

　　이나 행위의 지속된 시간을 표시

예) 我休息了三天。

　　Wǒ xiūxíle sān tiān

　　나는 삼일 동안 쉬었어요.

弟弟一天睡五个小时。

Dìdi yìtiān shuì wǔgè xiǎoshí

남동생은 하루에 다섯 시간을 잡니다.

– 목적어가 일반명사인 경우 동사를 중복시키거나, 동사와 목적어 사이에 위치

예) 我看电视看了一个晚上。

Wǒ kàn diànshì kànle yíge wǎnshàng
나는 밤새도록 TV를 보았습니다.

我看了四个小时(的)电影。
Wǒ kànle sì gè xiǎoshí (de) diànyǐng
나는 네 시간 동안 영화를 보았습니다.

– 목적어가 인칭대명사이거나 장소인 경우 보어는 반드시 목적어 뒤에 위치

예) 我见他两个小时。

Wǒ jiàn tā liǎngge xiǎoshí
나는 그를 두 시간 동안 만났어요.

我来北京一年多了。
Wǒ lái Běijīng yì nián duōle
나는 북경에 온 지 일 년이 조금 넘었습니다.

3. 중국어의 문법적 특징

＊ 중국어는 문장에서 사용될 때 형태의 변화가 없다.

　예) 老张很认真。

　　　Lǎo zhāng hěn rènzhēn

　　　랴오쟝은 매우 성실하다. (→ 认真rènzhēn이 술어로 사용)

　　　认真比什么都重要。

　　　Rènzhēn bǐ shénme dōu zhòngyào

　　　성실은 무엇보다도 중요하다. (→ 认真rènzhēn이 주어로 사용)

　　　金老师是认真的人。

　　　Jīn lǎoshī shì rènzhēn de rén

　　　김선생님은 성실한 사항이다. (→ 认真rènzhēn이 관형어로 사용)

　　　我得认真去做。

　　　Wǒ děi rènzhēn qù zuò

　　　나는 성실히 일을 해야만 한다.(→ 认真rènzhēn이 부사어로 사용)

＊ 단어의 문장 어순에 따라 문법 기능이 달라진다.

　－ 중국어의 기본 어순은 주어 + 동사 + 목적어이다.

　　　我wǒ (주어) + 爱ài (동사) + 她tā (목적어)

　　　나는 그녀를 사랑한다.

- 관형어는 주어나 목적어 앞에 위치한다.

  漂亮piàoliang (관형어) 的de + 女人nǚrén (주어) + 喜欢xǐhuān (동사) + 花儿huār (목적어)。 아름다운 여인은 꽃을 좋아한다.

  我wǒ (주어) + 喜欢xǐhuān (동사) + 红色的hóngsè de (관형어) + 衣服yīfu (목적어)。 나는 붉은색 옷을 좋아한다.

- 중국어의 단어, 구, 문장은 일정한 형식으로 구성된다.

  · 연합식: 대등한 두 성분을 나열시키는 형식

  예) 姐(언니) + 妹(여동생) → 姐妹jiěmèi (자매)

  　兄弟(형제) + 姐妹(자매)

  　→ 兄弟姐妹xiōngdìjiěmèi (형제자매)

  · 수식식: 한쪽이 다른 한쪽을 꾸며주는 형식

  예) 商业(상업) + 大学(대학)

  　→ 商业大学shāngyè dàxué (상업대학)

  　努力(열심히) + 学习(공부하다)

  　→ 努力学习nǔlì xuéxí(열심히 공부하다)

  　认真(진지하게) + 考虑(고려하다)

  　→ 认真考虑rènzhēn kǎolǜ(진지하게 고려하다)

· 술목식: 술어와 목적어의 관계로 결합한 형식

예) 担心 + 失业 → 担心失业dānxīn shīyè(실업을 걱정하다)

· 술보식: 술어와 보어의 관계로 결합한 형식

예) 提(끌어올리다) + 高(높다) → 提高tígāo(향상시키다)

　　提高 + 得 + 快

　　→ 提高得快tígāo de kuài(매우 빠르게 향상시키다)

· 주술식: 주어와 술어의 관계로 결합한 형식

예) 地震+多了

　　→ 地震多了dìzhèn duōle(지진이 많이 발생하다)

4. 기초 중국어 문법

◈ **인칭대명사**: 중국어의 인칭대명사에는 我wǒ (1인칭), 你 nǐ(2인칭), 他tā/她tā/它tā(3인칭)가 쓰이며, 뒤에 접미사 们(men)을 붙여 복수를 표현한다.

인칭	단수	복수
1인칭	我wǒ	我们wǒmen
2인칭	你nǐ/您nín	你们nǐmen
3인칭	他tā(남자) 她tā(여자) 它tā(사물)	他们tāmen 她们tāmen 它们tāmen

◈ **지시대명사**: 3인칭의 사람, 사물을 거리에 따라 지시하여 부르는 말로서 시간적, 심리적, 공간적으로 가까운 것은 这(zhè), 먼 것은 那(nà)로 표현한다.

	단수	복수
가까운 것(이것)	这(zhè)/ 这个(zhège)	이것들 这些(zhèxiē)
먼 것(그것·저것)	那(nà)/ 那个(nàge)	저것들 那些(nàxiē)
의문(어느 것)	哪(nǎ)/ 哪个(nǎge)	어느 것들 哪些(nǎxiē)

예) 这是铅笔。

Zhè shì qiānbǐ

이것은 연필이다.

那是书。
Nà shì shū
저것은 책이다.

这些都是苹果。
Zhèxiē dōu shì píngguǒ
이것들은 모두 사과이다.

那些都是西瓜。
Nàxiē dōu shì xīguā
저것들은 모두 수박이다.

哪个是你的?
Nǎge shì nǐ de
어느 것이 너의 것이니?

哪些是你买的?
Nǎxiē shì nǐ mǎi de
어느 것들이 너가 산 것이니?

★ 장소를 나타낼 때에는 这儿zhèr 혹은 这里zhèli(여기), 那儿nàr
혹은 那里nàli(저기, 거기)로 표현

예) 这儿是什么地方。

Zhèr shì shénme dìfang
여기는 어디입니까?

这里是什么地方。
Zhèr shì shénme dìfang
여기는 어디입니까?

那儿是什么地方。
Nàr shì shénme dìfang
저기는 어디입니까?

那里是什么地方。
Nàlǐ shì shénme dìfang
저기는 어디입니까?

◆ **양사**: 중국어에는 사람이나 사물 또는 동작의 수를 표시하는 품사가 있는데, 이것을 양사라고 하며, 명사의 수량을 표시하는 명량사와 동작의 횟수를 나타내는 동량사로 구분된다.

☞ 명량사: 사람이나 사물의 수량을 세는 단위이며, 명사에 따라 결합하는 양사가 다르다. 일반적으로 수사+양사+명사의 구조로 이루어 진다.

一(수사) + 本(양사) + 书(명사)
→ 一本书 yì běn shū 책 한 권

三(수사) + 件(양사) + 衣服(명사)
→ 三件衣服 sān jiàn yīfu 옷 세 벌

五(수사) + 位(양사) + 客人(명사)
→ 五位客人 wǔ wèi kèrén 손님 다섯 분

★ 일반적으로 사용할 수 있는 대표적인 양사는 '个ge' 가 있다.

  이 '个ge' 는 사람과 사물 모두를 대상으로 사용할 수 있다.

三个人sānge rén → 세 사람 / 八个苹果bāge píngguǒ → 사과 여덟 개

☞ 동량사: 동작이나 행위의 횟수를 나타내는데 사용되며, 동사+

  수사+양사의 구조로 구성된다.

(遍biàn) : 동작의 처음부터 끝까지의 전 과정

看一遍kàn yíbiàn 한 번 보다. / 说一遍shuō yíbiàn 한 차례 말하다.

(次cì) : 동작의 횟수 (반복 횟수)

读一次dú yícì 한 번 읽다. /

见过两次jiànguò liǎngcì 두 번 만난 적이 있다.

(回huí) : 일반적으로 발생되는 동작의 횟수(회)

去了一回qùle yì huí 한 번 가다.

(下xià) : 단시간의 동작이나 가벼운 동작

想一下xiǎng yíxià 잠시 생각하다. / 等一下děng yíxià 잠시 기다리다.

(趟tàng) : 왕복하는 동작의 횟수

走一趟zǒu yítàng 한 번 갔다 왔다. /

来一趟lái yítàng 한 번 왔다 가다.

◈ 동사

★ '是(shì)'의 용법

是(shì)는 우리말로 '~이다' 라는 뜻으로 주어와 목적어 사이의
관계를 판단한다. 영어와 달리 주어의 인칭, 시제, 복수 여부에
따라 동사의 형태 변화는 없다. 부정형은 是(shì) 앞에 부정부사
不(bù)를 둔다.

예) 我是韩国人。
　　Wǒ shì Hánguó rén
　　(나는 한국 사람입니다.)

我不是韩国人。
Wǒ bú shì Hánguó rén
(나는 한국 사람이 아닙니다.)

他们是学生。
Tāmen shì xuésheng
(그들은 학생입니다.)

她们都不是韩国人。
Tāmen dōu bú shì Hánguó rén
(그들은 모두가 한국 사람이 아닙니다.)

★ 소유동사 有(yǒu)

동사 '有(yǒu)'는 소유(~을 가지고 있다)와 존재(~에 ~이 있다)
의 의미를 나타낸다. 소유의 뜻을 나타낼 경우는 주어가 사람이
며, 존재의 뜻을 나타낼 때는 주어가 사물이 된다.

☞ 소유

예) 我有一个弟弟。

　　Wǒ yǒu yíge dìdi
　　나는 동생이 한 명 있습니다.

我们有很多钱。
Tāmen yǒu hěnduō qián
그들은 많은 돈을 가지고 있습니다.

我有手机。
Wǒ yǒu shǒujī
저는 핸드폰이 있습니다.

☞ 존재

예) 教室里有椅子。

　　Jiàoshìli yǒu yǐzi
　　교실에는 의자가 있습니다.

外面有雪。
Wàimiàn yǒu xuě
밖에는 눈이 있습니다.

北京有很多人。
Běijīng yǒu hěnduō rén
북경에는 사람이 매우 많습니다.

→ 有(yǒu)의 부정은 没有(méiyǒu)

예) 我没有钱。

　　Wǒ méiyǒu qián
　　저는 돈이 없습니다.

　　我没有手机。
　　Wǒ méiyǒu shǒujī
　　저는 핸드폰이 없습니다.

　　外面没有雪。
　　Wàimiàn méiyǒu xuě
　　밖에는 눈이 없습니다.

＊ 존재동사 在 zài

동사 在는 존재의 유무(~에 있다)를 나타내며, 뒤에는 꼭 장소를
나타내는 말이 온다.

예) 我在学校。

　　Wǒ zài xuéxiào
　　저는 학교에 있습니다.

　　他们在房间。
　　Tāmen zài fángjiān
　　그들은 방에 있습니다.

　　她在饭店。
　　Tā zài fàndiàn
　　그녀는 호텔에 있습니다.

→ 부정은 在(zài)의 앞에 不(bù)를 써서 나타낸다.

예) 他不在家。

　　Tā bú zài jiā
　　그는 집에 없습니다.

　　我们不在宿舍。
　　Wŏmen bú zài sùshè
　　우리는 기숙사에 없습니다.

　　妈妈不在家。
　　Māma bú zài jiā
　　어머니는 집에 안 계십니다.

◆ 조사

★ 구조조사: 두 개 이상의 단어나 구를 연결시키는 기능이 있다.

· 的(de) : 명사, 형용사, 대명사 또는 구 뒤에서 관형어를 만들어
　뒤의 명사 수식.

예) 你的钱包在哪儿？

　　Nǐ de qiánbāo zài nǎr
　　너의 지갑은 어디에 있니?

　　这是我的手机。
　　Zhè shì wǒ de shǒujī
　　이것은 저의 핸드폰입니다.

· 地(de): 형용사, 부사, 또는 구 뒤에서 부사어를 만들어 동사, 형용사 수식.

예) 我非常认真地学习汉语。

  Wǒ fēicháng rènzhēn de xuéxí Hànyǔ
  나는 매우 열심히 중국어를 공부합니다.

  天气渐渐地暖和了。
  Tiānqì jiànjiàn de nuǎn huole
  날씨가 점점 따뜻해졌다.

· 得(de) : 동사나 형용사 뒤에서 보어를 이끄는 역할.

예) 他唱歌唱得很好。

  Tā chànggē chàng de hěn hǎo
  그는 노래를 아주 잘 부릅니다.

  我写字写得很好。
  Wǒ xiězì xiě de hěn hǎo
  저는 글씨를 아주 잘 씁니다.

★ 동태조사: 동사의 뒤에서 완료, 지속, 진행, 경험 등을 나타낸다.

· 了(le) : 문장에서 완료나 실현, 임박, 변화를 나타냄.

예) 我看了一本书。

  Wǒ kànle yì běn shū
  나는 책 한 권을 읽었다. (완료)

我们快要结婚了。
Wǒmen kuàiyào jiéhūnle
우리는 곧 결혼을 합니다. (임박)

我的弟弟是大学生了。
Wǒ de dìdi shì dàxuéshengle
제 남동생은 대학생이 되었습니다. (변화)

· 着 zhe : 문장에서 진행이나 지속을 나타냄

예) 我看着新闻。

Wǒ kànzhe xīnwén
나는 뉴스를 보고 있습니다.

外面下着雨。
Wàimiàn xiàzhe yǔ
밖에는 비가 내리고 있습니다.

· 过 guò : 문장에서 경험과 완료를 나타냄.

예) 我去过北京。

Wǒ qùguò Běijīng
나는 북경을 가본 적이 있다.

我看过这本书。
Wǒ kànguò zhè běn shū
나는 이 책을 읽어본 적이 있다.

* 조동사

중국어에서 조동사는 동사의 앞에 위치하며, ~할 수 있다, ~해도 좋다, ~하지 않으면 안 된다, ~해야 한다, ~하고 싶다 등의 의미를 더해주는 기능을 함.

· 능력(能néng, 会huì) / 허가(可以kěyǐ) : ~할 수 있다, ~해도 좋다.

能은 능력이 있어서 어떤 일을 할 수 있음을 나타내며, 会는 학습, 훈련, 연습으로 능력을 갖추게 되어 할 수 있다는 것을 나타냄.

예) 我能用英文唱歌。

Wǒ néng yòng Yīngwén chànggē
저는 영어로 노래를 부를 수 있습니다. (능력)

我会说汉语。
Wǒ huì shuō Hànyǔ
나는 중국어를 할 줄 압니다. (능력)

你们可以看电视。
Nǐmen kěyǐ kàn diànshì
너희들은 텔레비전을 봐도 된다. (허가)

这里可以抽烟。
Zhèlǐ kěyǐ chōuyān
여기서는 담배를 피워도 된다. (허가)

· 당연함이나 필요성(마땅히 ~해야 한다)应该yīnggāi/得 de 应该
yīnggāi는 마땅히 해야 하는 뜻으로 인정이나 도리상 그렇게 해야 함을
나타낼 때 사용하며, 得는 필요함이나 의무감을 나타낼 때 사용.

예) 我们应该努力学习。

　　Wǒmen yīnggāi nǔlì xuéxí
　　우리는 열심히 공부를 해야 합니다. (당연)

我今天得回北京。
Wǒ jīntiān děihuí Běijīng
저는 오늘 북경으로 돌아가야 합니다. (필요)

明天是爸爸的生日. 我得去买礼物。
Míngtiān bàba de shēngrì, wǒ děi qù mǎi lǐwù
내일 아버지 생일이어서 선물을 사러 가야 한다. (의무)

· 주관적인 희망(~하고 싶다): 想 xiǎng, 要 yào, 愿意yuànyì

예) 我想去北京旅行。

　　Wǒ xiǎng qù Běijīng lǚxíng
　　저는 북경으로 여행갈 생각입니다. (계획)

我想上大学。
Wǒ xiǎng shàng dàxué
저는 대학에 가고 싶습니다. (바람)

你要早点回来。
Nǐ yào zǎodiǎn huílái
너는 일찍 돌아와야 한다. (의무)

他们要去市场。
Tāmen yào qù shìchǎng
그들은 시장에 가려고 한다. (계획)

我愿意学习英语。
Wǒ yuànyì xuéxí Yīngyǔ
나는 영어를 배우고 싶다. (희망)

我愿意参加会议。
Wǒ yuànyì cānjiā huìyì
나는 회의에 참가하고 싶다. (희망)

◈ 의문문 만들기

중국어의 의문문은 모두 5가지 형식으로 이루어진다.

* 의문 어기조사를 사용하는 의문문 : 문장 끝에 吗와 같은 의문 어
기사를 사용

  예) 你是学生吗?

   Nǐ shì xuésheng ma
   당신은 학생입니까?

  我是学生。
  Wǒ shì xuésheng
  저는 학생입니다.

  我不是学生。
  Wǒ búshì xuésheng
  저는 학생이 아닙니다.

这是你的吗?
Zhè shì nǐ de ma
이것은 당신 것입니까?

这是我的。
Zhè shì wǒ de
이것은 제 것입니다.

这不是我的。
Zhè búshì wǒ de
이것은 제 것이 아닙니다.

＊ 의문대명사를 사용하는 의문문: 누가, 무엇을, 어떻게, 어디서,
언제, 왜, 얼마 만큼 등을 구체적으로 물을 때 사용한다.

(누가) 谁是你的哥哥?
　　　Sheí shì nǐ dí gēge
　　　누가 당신의 형님이십니까?

(언제) 妈妈什么时候回来?
　　　Māma shénme shíhòu huílái
　　　어머니는 언제 돌아옵니까?

(어디서) 你在哪儿工作?
　　　　Nǐ zài nǎr gōngzuò
　　　　당신은 어디에서 일합니까?

(무엇을) 你看什么?
　　　　Nǐ kàn shénme
　　　　당신은 무엇을 봅니까?

(어떻게) 你怎么来的？

Nǐ zěnme lái de

당신은 어떻게 오셨습니까?

(왜) 你为什么不吃？

Nǐ wèishénme bù chī

당신은 왜 안드십니까?

(선택) 你喜欢哪个？

Nǐ xǐhuān nǎge

당신은 어떤 것을 좋아합니까?

(상태) 味道怎么样？

Wèidào zěnme yàng

맛이 어떻습니까?

(소량) 你家有几口人？

Nǐ jiā yǒu jǐ kǒu rén

식구가 몇 명입니까?

(다량) 你们班有多少个学生？

Nǐmen bān yǒu duōshǎo ge xuésheng

너의 반에는 학생이 얼마나 있니?

(나이 많음) 您多大年纪？

Nín duōdà niánjì

연세가 어떻게 되십니까?

(나이 적음) 你几岁？

Nǐ jǐ suì

너는 몇 살이니?

＊ 선택의문문: 두 가지 혹은 그 이상의 가능성 가운데 하나를 선택하
여 답할 것을 요구하는 의문문

예) 你是韩国人还是中国人？

Nǐ shì Hánguó rén háishì Zhōngguó rén
당신은 한국사람입니까, 아니면 중국사람입니까?

我是韩国人。
Wǒ shì Hánguó rén
저는 한국사람입니다.

这是你的书还是我的书？
Zhè shì nǐ de shū háishì wǒ de shū
이것은 당신의 책입니까, 아니면 저의 책입니까?

这是我的书。
Zhè shì wǒ de shū
이것은 저의 책입니다.

＊ 정반의문문 : 동사, 조동사, 형용사 등을 '긍정 + 부정'의 형식으
로 병렬시켜 만든 의문문

(동사의 병렬)　你是不是韩国人？
Nǐ shì búshì Hánguó rén
당신은 한국사람입니까?

(조동사의 병렬)　你会不会说汉语？
Nǐ huì bú huì shuō Hànyǔ
당신은 중국어를 할 줄 압니까?

(형용사의 병렬) 你喜欢不喜欢这本书?
Nǐ xǐhuān bù xǐhuān zhè běn shū
당신은 이 책을 좋아합니까?

* 부가식 의문문 : 일정한 내용을 진술한 후에 문장 끝에 ~好吗 hǎo ma / ~对吗 duì ma / ~行吗 xíng ma / ~可以吗 kěyǐ ma / ~是不是 shì búshì / ~对不对 duì bú duì 등 어떤 의문성분을 부가하는 의문문

我们明天去看电影, 好吗?
Wǒmen míngtiān qù kàn diànyǐng, hǎo ma
우리 내일 영화보러 가자, 어때?

借我那本书看看, 行吗?
Jiè wǒ nà běn shū kàn kàn, xíng ma
그 책 좀 빌려보자, 그래도 돼?

他是韩国人, 是不是?
Tā shì Hánguó rén, shì búshì
그는 한국사람이지, 그렇지?

我先看看, 可以吗?
Wǒ xiān kàn kàn, kěyǐ ma
내가 먼저 좀 볼게, 괜찮겠니?

他是你的弟弟, 对不对?
Tā shì nǐ de dìdi, duì búduì
그는 너의 동생이지, 맞지?

Part 3

기초 회화

1) 인사

你好!
Nǐ hǎo
안녕하십니까!

您好!
Nín hǎo
안녕하세요! ('你好' 의 높임말 표현)

好久不见。
Hǎojiǔ bújiàn
오래간만입니다.

过得好吗?
guò de hǎo ma
잘 지내시죠?

身体好吗?
shēntǐ hǎo ma
건강하십니까?

请多指教。
qǐng duō zhǐjiào
잘 부탁드립니다.(많은 지도 부탁드립니다.)

很高兴见到你。
hěngāoxìng jiàndào nǐ
만나서 반갑습니다.

[보충]

중국어의 인칭대명사

　　1인칭: 我[wǒ] - 나, 저

　　2인칭: 你[nǐ] - 너, 당신 = 2인칭 존칭어로 您[nín] 을 사용한다.

　　3인칭: 남자: 他[tā] - 그, 그 남자(他是我哥哥 -그는 저의 형입니다.)

　　　　　여자: 她[tā] - 그녀(她是我妹妹 -그녀는 저의 여동생입니다.)

　　　　　사물: 它[tā] - 그것(它是狗 -저것은 개입니다.)

복수형: 인칭 대명사 뒤에 복수형 어미 们[men] 을 부쳐서 사용한다.

　　我们 [wǒmen]　= 우리들, 저희들

　　你们 [nǐmen]　= 니희들, 당신들, 여러분들

　　他们 [tāmen]　= 그들, 그사람들

　　她们 [tāmen]　= 그녀들

　　它们 [tāmen]　= 그것들

2) 소개

我是张楠。
wǒ shì zhāng nán
저는 장남입니다.

我叫张楠。
wǒ jiào zhāng nán
저는 장남이라고 합니다.

这是我的哥哥。
zhè shì wǒ de gēge
이 사람은 우리 형입니다.

这位是李先生。
zhè wèi shì lǐxiānshēng
이 분은 이선생님이십니다.

我是韩国人。
wǒ shì hánguórén
저는 한국 사람입니다.

我第一次来中国。
wǒ dì yīcì lái Zhōngguó
중국에는 처음 왔습니다.

我来中国旅游。
wǒ lái Zhōngguó lǚyóu
여행을 하러 중국에 왔습니다.

※ 상대방의 이름을 물어 볼 때 사용하는 말:

你叫什么名字?
Nǐ jiào shénme míngzi
당신의 이름은 무엇입니까?

您贵姓?
Nín guìxing
성함이 어떻게 되시죠?

[보충]

是는 영어의 be동사와 비슷하다. 우리말 의미로는 '~이다' 정도이다. 서술형 동사로 'A是B'의 형식으로 사용되며 'A는 B이다' 라는 의미이다. 부정은 앞에 부정부사 '不[bù]'를 넣어 不是 [búshì] 라고 한다. 이때 '不' 자는 원래 '4성' 발음에서 '2성' 발음으로 성조의 변화가 일어난다.

예) 我不是韩国人。

　　wǒ bú shì hánguórén
　　저는 한국 사람이 아닙니다.

我不是第一次来中国。
wǒ bú shì dì yīcì lái Zhōngguó
중국에 처음 온 것이 아닙니다.

3) 작별인사

再见。
zàijiàn
또 뵙겠습니다. 안녕히 계십시오.

改天见! / 待会见!
gǎitiān jiàn / dài huìjiàn
다음에 봅시다. / 잠시 후에 봅시다.

明天见。
míngtiān jiàn
내일 봅시다.

我先走了。
wǒ xiān zǒule
먼저 가겠습니다.

请留步。
qǐng liú bù
나오지 마십시요.

不送。
bú sòng
안 나가겠습니다.

请慢走。
qǐng màn zǒu
살펴 가십시요.

晚安!
wǎn'ān
안녕히 주무세요, 잘자라.(밤 인사=Good night)

做个好梦!
zuògèhǎomèng
좋은 꿈 꿔!(편안한 밤 되세요.)

[보충]

'再见 [zàijiàn] '은 작별할 때에 서로에게 사용한다. 영어의 'Good bye' 에 해당한다.

4) 상대방에게 묻기

你是王力吗？
nǐ shì wáng lì ma
당신이 왕력입니까?

您多大年纪了？
nín duō dà niánjì le
연세가 어떻게 되십니까?

你多大了？
nǐ duō dà le
나이가 어떻게 되시죠?

你是中国人吗？
nǐ shì zhōngguórén ma
당신은 중국 사람입니까?

你是老师吗？
nǐ shì lǎoshī ma
당신은 선생님이십니까?

几点了？
jǐdiǎn le
(지금) 몇 시입니까?

为什么？
wèishénme
왜 그러시죠?

这是什么？
zhè shì shénme
이것은 무엇입니까?

那是什么？
nà shì shénme
저것은 무엇입니까?

地铁站在哪里？
Dìtiězhàn zài Nǎlǐ
지하철역이 어디에 있습니까?

[보충]

· 중국어의 의문문: 吗, 几, 哪, 为什么, 怎么 등의 의문사를 사용한다. 단 한 문장에 하나의 의문사만 사용.

· 吗[ma] 는 문장 끝에 사용되며, ~입니까? 라는 의문문이 된다.

· 几[jǐ] 는 10 이하의 수량을 물을 때 사용. 몇 개, 몇 살 등등. 10 이상의 수량을 물을 때는 '多少 [duōshǎo]'를 사용한다.

· 哪[Nǎ] 는 장소를 물을 때 사용. 병원이 어디에 있습니까? 백화점이 어디에 있습니까? 등등

· 为什么[wèishénme] 는 원인 이유를 물을 때 사용. 왜 그러세요, 왜 늦는 거지요. 가격이 왜 이렇게 비싼건가요? 등등

· 怎么[zěnme] 는 상황, 방식, 원인을 물을 때 사용. 어째서, 어떻게, 왜. '怎么不来呢? 어째서 안 오지?'= '怎么来了? (여기에) 왜 왔어?' = '你怎么来了 뭘 타고 왔니?'

5) 부탁, 청유

请问。
qǐngwèn
말씀 좀 여쭙겠습니다.

请让一下。
qǐng ràng yíxià
좀 비켜주세요.

请稍等。
qǐng shāo děng
잠시만 기다려주세요.

请等一下。
qǐng děng yíxià
조금만 기다려주세요.

请再说一遍吧。
qǐng zàishuō yíbiàn ba
한번 더 말씀해주세요.

请帮一下忙。
qǐng bāng yíxià máng
좀 도와주세요.

请讲。
qǐng jiǎng
말씀하십시요.(얘기 하십시요.)

请告诉我。
qǐng gàosu wǒ
저에게 알려 주십시요.

请多多指教。
qǐng duōduō zhǐjiào
잘 부탁드립니다.

잘 부탁드려요.

请帮我问候。
qǐng bāng wǒ wènhòu
대신 안부 좀 전해 주세요.

请转告他。
qǐng zhuǎngào tā
대신 좀 전해주세요.

[보충]

· 请[qǐng] 부탁이나 청유, 요청에 사용되는 동사로 '~하기 바란다',
  '~를 부탁합니다' 라는 의미이다.

  예) 请说 [qǐng shuō] 말씀 하십시요.

     请坐 [qǐng zuò] 앉으십시요.

     请进 [qǐng jìn] 들어오십시요.

· 일반적으로 상대방에게 길, 시간 등을 물어볼 때에
  '请问 [qǐngwèn] 말씀 좀 여쭙겠습니다' 라는 표현을 사용한다.

6) 감사

谢谢。
xièxie
고맙습니다.

太感谢了!
tài gǎnxièle
너무 감사합니다.

再次表示感谢。
Zàicì biǎoshì gǎnxiè
다시 한번 감사를 드립니다.

欠了您太多人情了。
qiàn le nín tài duō rénqíng le
여러모로 신세를 많이 졌습니다.

辛苦了。
xīnkǔ le
수고 많으셨어요.

谢谢您的礼物。
xièxie nín de lǐwù
선물 고맙습니다.

谢谢您的光临。
xièxie nín de guānglín
찾아주셔서 감사합니다.

我真不知道怎么表示感谢。
wǒ zhēn bùzhīdào zěnme biǎoshì gǎnxiè
정말이지 어떻게 감사를 드려야할지 모르겠습니다.

[보충]

· 감사의 표현으로 일반적으로 '谢谢[xièxie]'라는 말을 사용하지만 또한 '感谢[gǎnxiè]'라고도 하며, '不客气[búkèqi] 또는 不用客气[búyòngkèqi] 별말씀을요', '不谢 [bú xiè] 괜찮습니다'라고 대답한다.

7) 사과의 표현

对不起。
duìbùqǐ
미안합니다.

抱歉!
bàoqiàn
죄송합니다.

失礼了。
shīlǐle
실례했습니다.

原谅我吧!
yuánliàng wǒ bā
저를 용서해 주십시요.

请谅解!
qǐng liàngjiě
양해해주시기 바랍니다.

都是我的错。
dōushì wǒ de cuò
모두 저의 잘못입니다.

请不要放在心上。
qǐng búyào fàngzài xīn shàng
마음에 두지 마십시요.

以后再也不这样了。
yǐhòu zàiyě bú zhèyàng le
앞으로 다시는 그러지 않겠습니다.

请多多包涵!
qǐng duōduō bāohan
너그럽게 용서해 주십시요! 널리 양해를 바랍니다!

过意不去。
guòyìbúqù
송구스럽습니다. 면목이 없습니다.

[보충]

· 对不起[duìbùqǐ] 등의 대답으로는 일반적으로 '没事 [méishì] , 没关系[méiguānxì] 괜찮습니다' 라고 대답한다. 더욱 적극적인 사과로는 '我道歉[Wǒ dàoqiàn] 사과드립니다' 라는 표현도 있다.

· 사과에 대한 대답으로는 '没事, 不要放在心上[méishì, búyào fàngzài xīn shàng] 괜찮으니, 마음에 두지 마세요' 라고 말하면 된다.

8) 축하/ 바램

祝贺你!
zhùhè nǐ
축하합니다.

祝你生日快乐。
zhù nǐ shēngrì kuàilè
생일 축하합니다.

新年快乐。
xīnnián kuàilè
새해 복 많이 받으세요.

周末愉快。
zhōumò yúkuài
즐거운 주말 보내세요.

圣诞节快乐。
shèngdànjié kuàilè
메리크리스마스

新婚快乐。
xīnhūn kuàilè
결혼을 축하합니다.

祝你早日康复。
zhù nǐ zǎorì kāngfù
쾌유를 바랍니다. 빠른 시일에 건강을 회복하시기 바랍니다.

[보충]

· 일반적으로 상대방에게 축하한다는 표현은 문두에 '祝你⋯'라는
  표현을 사용한다. 또는 희망, 바램의 의미로 '我希望⋯ [wǒ xīwàng]'
  이라는 표현을 사용한다.

'希望你成功！ [xīwàng nǐ yǒu chénggōng] 성공하시길 바랍니다!'
'希望你有好结果 [xīwàng nǐ yǒu hǎo jiéguǒ] 좋은 결과가 있기를 바랍니다.'

9) 청유

周末有时间吗?
zhōumò yǒu shíjiān ma
주말에 시간 있니?

一起看电影吧。
yìqǐ kàn diànyǐng ba
영화 보러 같이 가자.

一起吃饭吧。
yìqǐ chīfàn ba
같이 밥 먹자.

来我家玩吧。
lái Wǒjiā wán ba
우리 집에 놀러 오렴.

我们见个面吧。
wǒmen jiàngèmiàn ba
우리 얼굴 좀 보자.

我们一起去吧。
wǒmen yìqǐ qù ba
우리 같이 가자.

[보충]

吧의 용법:

1) 청유, 권유의 어기사(하시죠!) 윗 예문 참조

2) 추측, 확신(한국분이시죠?)

你是韩国人吧！
nǐ shì hánguórén hánguórén ba
당신은 한국사람이시죠!

3) 허락, 동의의 의미(좋네요. 내일로 하죠.)

好吧！
hǎo ba
좋습니다!

就这样吧！
jiù zhèyàng ba
그렇게 하시죠!

10) 긍정과 부정

是的。
shì de
네. 맞습니다. 옳습니다.

不是。
búshì
아니오. 아닙니다. 옳지 않습니다.

我知道。
wǒ zhīdào
알겠습니다.

我不知道。
wǒ bùzhīdào
모르겠습니다.

[보충]

중국어의 부정은 부정부사 '不[bù]'를 동사나 형용사의 앞쪽에 놓는다. 이때의 부정은 현재와 미래에 대한 부정이다. 不是 [búshì] 아닙니다, 不好 [bùhǎo] 좋지 않습니다, 不漂亮 [bú piàoliang] 예쁘지 않습니다.

你明天去学校吗?
nǐ míngtiān qù Xuéxiào ma
내일 학교 가니?

我不去。
wǒ búqù
안 갑니다.

과거에 대한 부정은 '没有 [méiyǒu]'를 사용한다.

你去年去了上海了吗?
nǐ qùnián qùle Shànghǎi le ma
작년에 상해를 갔었니?

我没有去了。
wǒ méi yǒu qù le   (O)

안 갔어요.

我不去了。
wǒ búqù le   (X)

2. 간단한 표현

1) 숫자

你要多少？
nǐ yào duōshǎo
몇 개가 필요하세요?

我买一个。
wǒ mǎi yígè
한 개를 사려고 합니다.

[보충]

一个[yígè] 한 개　　　两个[liǎnggè] 두 개　　　三个[sāngè] 세 개

四个[sìgè] 네 개　　　五个[wǔgè] 다섯 개　　　六个[liùgè] 여섯 개

七个[qīgè] 일곱 개　　八个[bāgè] 여덟 개　　　九个[jiǔgè] 아홉 개

十个[shígè] 열 개　　　十一个[shíyīgè] 열한 개

二十个[èrshígè] 스무 개　　　三十个[sānshígè] 서른 개

四十个[sìshígè] 마흔 개　　　五十个[wǔshígè] 쉰 개

六十个[liùshígè] 예순 개　　　七十个[qīshígè] 일흔 개

八十个[bāshígè] 여든 개　　　九十个[jiǔshígè] 아흔 개

一百个 [yìbǎigè] 백 개　　　一千个[yìqiāngè] 천 개

一万个[yíwàngè] 만 개

2) 호칭

那个人是谁?
nàgè rén shì shuí
저 사람은 누구예요?

是我父亲。
shì wǒ fùqīn
우리 아버지입니다.

[보충]

丈夫[zhàngfu] 남편   妻子[qīzǐ] 아내

儿子[érzi] 아들   女儿[nǚer] 딸

爸爸[bàba] 아빠   妈妈[māma] 엄마

母亲[mǔqīn] 어머니   父亲[fùqīn] 부친

奶奶[nǎinai] 할머니   爷爷[yéye] 할아버지

外公[wàigōng] 외할아버지   外婆[wàipó] 외할머니

哥哥[gēge] 형   姐姐[jiějie] 누나

妹妹[mèimei] 여동생   弟弟[dìdi] 남동생

姨母[yímǔ] 이모   姑妈[gūmā] 고모

嫂子[sǎozi] 형수   叔叔[shūshu] 삼촌

姐夫[jiěfu] 형부   舅舅[jiùjiu] 외삼촌

孙子[sūnzi] 손자   孙女[sūnnǚ] 손녀

公公[gōnggong] 친할아버지   婆婆[pópo] 친할머니

岳父[yuèfù] 장인   岳母[yuèmǔ] 장모

3) 취미/오락

你有什么兴趣爱好?
nǐ yǒu shénme xìngqù'àihào
당신은 어떤 흥미와 취미를 가지고 있습니까?

我很喜欢听音乐。
wǒ hěn xǐhuan tīng yīnyuè
저는 음악 듣는 것을 좋아합니다.

[보충]

电影[diànyǐng] 영화   旅游[lǚyóu] 여행

唱歌[chànggē] 노래를 부르다   舞蹈[wǔdǎo] 춤을 추다

读书[dúshū] 책을 읽다   摄影[shèyǐng] 촬영하다

钓鱼[diàoyú] 낚시하다   游戏[yóuxì] 게임하다

上网聊天[shàngwǎng liáotiān] 인터넷에 접속하여 채팅하다

扑克[pūkè] 포카놀이   书法[shūfǎ] 서예

象棋[xiàngqí] 장기   围棋[wéiqí] 바둑

篮球[lánqiú] 농구   足球[zúqiú] 축구

棒球[bàngqiú] 야구   排球[páiqiú] 배구

武术[wǔshù] 무술   慢跑[mànpǎo] 조깅

滑冰[huábīng] 스케이트를 타다,   滑雪[huáxuě] 스키를 타다

4) 음식/요리

请问吃点什么？
qǐngwèn chī diǎn shénme
무엇을 드시겠습니까?

来一份炒饭。
lái yífèn chǎofàn
볶음밥 일 인분 주세요.

[보충]

北京烤鸭[Běijīng kǎoyā] 북경오리

火锅[huǒguō] 훠궈

家常菜 [jiāchángcài] 일상 가정요리

宫保鸡丁[gōngbǎojīdīng] 닭고기볶음요리

麻婆豆腐[mápódòufu] 마파두부

西红柿炒鸡蛋[xīhóngshìchǎojīdàn] 토마토 달걀볶음

鱼香肉丝[yúxiāngròusī] 돼지 살코기 볶음요리

小炒牛肉[xiǎochǎo niúròu] 소고기볶음

红烧肉[hóngshāoròu] 동파육

糖醋排骨[tángcù páigǔ] 탕수갈비

清蒸鱼[qīngzhēngyú] 생선찜

鱼香茄子[yú xiāng qiézi] 가지볶음요리

5) 과일/채소

喜欢吃葡萄吗?
xǐhuan chī pútao ma
포도를 좋아하시나요?

是的，喜欢。
shì de, xǐhuan
네, 좋아합니다.

[보충]

无花果[wúhuāguǒ] 무화과　　　　橘子[júzi] 귤

木瓜[mùguā] 파파야　　　　哈密瓜[hāmìguā] 멜론

椰子[yēzi] 야자　　　　甜瓜[tiánguā] 참외

榴莲[liúlián] 두리안　　　　柚子[yòuzi] 유자

苹果 [píngguǒ] 사과　　　　梨[lí] 배

桃[táo] 복숭아　　　　葡萄[pútáo] 포도

香蕉 [xiāngjiāo] 바나나　　　　菠萝[bōluó] 파인애플

西瓜[xīguā] 수박　　　　橙子[chéngzi] 오렌지

柠檬 [níngméng] 레몬　　　　芒果[mángguǒ] 망고

草莓[cǎoméi] 딸기　　　　樱桃[yīngtáo] 앵두

石榴[shíliu] 석류　　　　圣女果[shèngnǚguǒ] 방울토마토

黑莓[hēiméi] 블랙베리　　　　杏子[xìngzi] 살구

柿子[shìzi] 감

喜欢吃茄子吗?
xǐhuan chī qiézi ma
가지를 좋아합니까?

是的，喜欢。
shì de, xǐhuan
네, 좋아합니다.

[보충]

黄瓜[huángguā] 오이

玉米[yùmǐ] 옥수수

裙带菜 [qúndàicài] 미역

紫菜[zǐcài] 김

芦笋 [lúsǔn] 아스파라거스

豌豆[wāndòu] 완두콩

红小豆[hóngxiǎodòu] 팥

西红柿[xīhóngshì] 토마토

白菜[báicài] 배추

芹菜[qíncài] 미나리

洋葱[yángcōng] 양파

葱[cōng] 파

辣椒[làjiāo] 고추

豆芽[dòuyá] 콩나물

南瓜[nánguā] 호박

海带[hǎidài] 다시마

韭菜[jiǔcài] 부추

莲藕[lián'ǒu] 연뿌리

竹笋 [zhúsǔn] 죽순

黄豆[huángdòu] 노란콩

绿豆 [lǜdòu] 녹두

地瓜[dìguā] 고구마

洋白菜[yángbáicài] 양배추

菠菜[bōcài] 시금치

大蒜[dàsuàn] 마늘

姜[jiāng] 생강

青椒 [qīngjiāo] 피망

萝卜[luóbo] 무

6) 화장품

借我一下洗面奶。
jiè wǒ yíxià xǐmiànnǎi
클렌징크림 좀 빌려주세요.

好。
hǎo
그래요.

[보충]

面膜[miànmó] 마사지 팩

面霜[miànshuāng] 크림

爽肤水[shuǎngfūshuǐ] 아스트린젠트

营养霜[yíngyǎng shuāng] 영양크림

防晒霜[fángshàishuāng] 선크림

沐浴露[mùyù lù] 바디 샴푸

粉底液 [fěndǐyè] 파운데이션

口红[kǒuhóng] 립스틱

眼影[yǎnyǐng] 아이섀도

睫毛膏[jiémáo gāo] 마스카라

粉饼[fěn bǐng] 콤팩트

湿粉饼[shī fěn bǐng] 파우더팩트

化妆水[huàzhuāng shuǐ] 화장수

精华素[jīnghuá sù] 에센스

洗甲水[xǐ jiǎ shuǐ] 매니큐어 리무버

护肤露[hùfūlù] 피부보호크림

指甲油[zhǐjiǎyóu] 매니큐어

棉花棒[miánhuābàng] 면봉

洗发水 [xǐfàshuǐ] 샴푸

护发素[hùfà sù] 린스

柔肤水[róu fū shuǐ] 스킨

润面露[rùnmiànlù] 로션

泡沫洁面乳[pàomò jiémiànrǔ] 버블 클렌징

香粉[xiāngfěn] 파우더

胭脂[yānzhi] 연지

眉笔[méibǐ] 아이브로펜슬

假睫毛[jiǎ jiémáo] 인조 속눈썹

腮红刷[sāihóng shuā] 볼터치 브러쉬

眼线刷 [yǎnxiàn shuā] 아이라인 브러쉬

7) 음료

请问喝点什么？
qǐngwèn hē diǎn shénme
무엇을 마시겠습니까?

给我咖啡吧。
gěi wǒ kāfēi bā
커피로 주세요.

喝酒吗？
hējiǔ ma
술 마실래요?

嗯，喝点啤酒吧。
ēng, hē diǎn píjiǔ bā
네, 맥주 좀 마시죠.

[보충]

白开水[báikāishuǐ] 끓인 맹물

热水[rèshuǐ] 뜨거운 물

凉水[liángshuǐ] 찬물

酸奶 [suānnǎi] 요구르트

奶昔[nǎixī] 밀크셰이크

果汁[guǒzhī] 쥬스

橙汁[chéngzhī] 오렌지쥬스

汽水[qìshuǐ] 사이다

冰咖啡[bīngkāfēi] 아이스커피

卡布奇诺 [kǎ bù qí nuò] 카푸치노

维也纳咖啡[Wéiyěnà kāfēi] 비엔나 커피

矿泉水[kuàngquánshuǐ] 광천수

温水 [wēnshuǐ] 미지근한 물

牛奶 [niúnǎi] 우유

冰水[bīngshuǐ] 얼음냉수

热可可[rèkěkě] 핫쵸코

苹果汁[píngguǒzhī] 사과쥬스

葡萄汁[pútáozhī] 포도쥬스

可乐[kělè] 콜라

绿茶 [lùchá] 녹차

乌龙茶[wūlóngchá] 우롱차

红茶[hóngchá] 홍차

奶茶[nǎichá] 밀크티

柚子茶 [yòuzichá] 유자차

蜂蜜茶[fēngmìchá] 벌꿀차

啤酒[píjiǔ] 맥주

生啤酒[sheng píjiǔ] 생맥주

葡萄酒[pútáojiǔ] 포도주

鸡尾酒 [jīwěijiǔ] 칵테일

威士忌[wēishìjì] 위스키

白兰地 [báilándì] 브랜디

琴酒[qín jiǔ] 진

香槟[xiāngbīn] 샴페인

烧酒[shāojiǔ] 소주

8) 주일, 연, 월

今天是星期几?
jīntiān shì xīngqī jǐ
오늘은 무슨 요일입니까?

是星期六。
shì xīngqīliù
토요일입니다.

[보충]

星期一[xīngqīyī] 월요일   星期二[xīngqī'èr] 화요일

星期三[xīngqīsān] 수요일   星期四[xīngqīsì] 목요일

星期五[xīngqīwǔ] 금요일   星期六[xīngqīliù] 토요일

星期天[xīngqītiān] 일요일

我去年二月结婚了。
wǒ qùnián èryuè jiéhūnle
저는 작년 2월에 결혼하였습니다.

恭喜你。
gōngxǐ nǐ
축하합니다.

一月[yīyuè]1월   二月[èryuè] 2월   三月[sānyuè] 3월

四月[sìyuè] 4월   五月[wǔyuè] 5월   六月[liùyuè] 6월

七月[qīyuè] 7월   八月[bāyuè] 8월   九月[jiǔyuè] 9월

十月[shíyuè] 10월   十一月[shíyīyuè] 11월   十二月[shí'èryuè] 12월

一号[yī hào] 1일   二号[èr hào] 2일   三号[sān hào] 3일

四号[sì hào] 4일   五号[wǔ hào] 5일   十五号[shíwǔ hào] 15일

二十一号[èrshíyī hào] 21일

三十一号[sānshíyīhào] 31일

2018年[二零一八年 èrlíngyībānián]

1994年[一九九四年 yījiǔjiǔsìnián]

2002年[二零零二年 èrlínglíng'èrnián]

* 활용

2018년 7월 31일

二零一八年七月三十一号 [èrlíngyībānián qīyuè sānshíyī hào]

2002년 3월 1일

二零零二年三月一号 [èrlínglíng'èrnián sānyuè yī hào]

1984년 9월 15일

一九八四年九月十五号 [yījiǔbāsìnián jiǔyuè shíwǔ hào]

1958년 1월 20일

一九五八年一月二十号 [yījiǔwǔbānián yīyuè èrshí hào]

9) 신체용어

这是人的头。
zhè shì rén de tóu
이것은 머리입니다.

[보충]

手[shǒu] 손	鼻子[bízi] 코	牙齿[yáchǐ] 이(치아)
下巴[xiàba] 턱	胸[xiōng] 가슴	额头[étóu] 이마
腰[yāo] 허리	脚[jiǎo] 발	肌肉[jīròu] 근육
头发[tóufa] 머리	眉毛[méimao] 눈썹	嘴[zuǐ] 입
耳朵[ěrduo] 귀	脖子[bózi] 목	肚子[dùzi] 배
手腕[shǒuwàn] 손목	手指[shǒuzhǐ] 손톱	脚趾[jiǎozhǐ] 발가락
皮肤[pífū] 피부	面孔[miànkǒng] 얼굴	眼睛[yǎnjing] 눈
嘴唇[zuǐchún] 입술	舌头[shétou] 혀	肩膀[jiānbǎng] 어깨
胳膊[gēbo] 팔꿈치	背[bēi] 등	脸颊[liǎnjiá] 볼(뺨)
骨头[gǔtou] 뼈	屁股[pìgu] 엉덩이	身体[shēntǐ] 몸(신체)
腿[tuǐ] 다리	鼻孔[bíkǒng] 콧구멍	皱纹[zhòuwén] 주름
膝盖[xīgài] 무릎	脚后跟[jiǎohòugēn] 발뒤꿈치	
关节[guānjié] 관절	心脏[xīnzàng] 심장	肝[gān] 간
胃[wèi] 위	肺[fèi] 폐	肾脏[shènzàng] 신장
神经[shénjīng] 신경	血液[xuèyè] 혈액	汗[hàn] 땀
指甲[zhǐjia] 손톱	喉咙[hóulóng] 목구멍	腋窝[yèwō] 겨드랑이

10) 각종 색깔

能给我看一下那件黑色的衣服吗?
néng gěi wǒ kàn yíxià nà jiàn hēisè de yīfu ma
저 검은색 옷을 좀 보여줄 수 있나요?

好的。
hǎo de
알겠습니다.

[보충]

白色[báisè] 흰색

粉红色[fěnhóngsè] 분홍색

金色[jīnsè] 금색

橙色[chéngsè] 오렌지색

绿色[lǜsè] 녹색

紫色 [zǐsè] 자주색

玫瑰色[méiguīsè] 장미 색

橄榄色[gǎnlǎnsè] 올리브색

深蓝色[shēnlánsè] 진한 남색

浅蓝色[qiǎnlánsè] 연한 남색

肉色[ròusè] 살색

米色[mǐsè] 베이지색

藏青色[zàngqīngsè] 짙은 남색

银色[yínsè] 은색

桃色[táosè] 연분홍색

红色[hóngsè] 붉은색

黄色[huángsè] 노란색

蓝色[lánsè] 푸른색

深色 [shēnsè] 짙은 색

草绿色[cǎolǜsè] 초록색

紫红色[zǐhóngsè] 자홍색

咖啡色[kāfēisè] 커피색

宝蓝色[bǎo lánsè] 감청색

浅色 [qiǎnsè] 옅은 색

灰色[huīsè] 회색

褐色[hèsè] 갈색

11) 각종 직업

以后想做什么？
yǐhòu xiǎng zuòshénme
앞으로 무슨 일을 하고 싶습니까?

我想成为检察官。
wǒ xiǎng chéngwéi jiǎncháguān
저는 검사가 되고 싶습니다.

[보충]

学者[xuézhě] 학자	护士[hùshi] 간호사
历史学家[lìshǐxuéjiā] 역사학자	木工[mùgōng] 목수
农民[nóngmín] 농민	美容师[měiróngshī] 미용사
技术人员[jìshùrényuán] 엔지니어	警官[jǐngguān] 경찰
翻译[fānyì] 번역가	演员[yǎnyuán] 탤런트
律师[lùshī] 변호사	总统[zǒngtǒng] 대통령
公司职员[Gōngsī zhíyuán] 회사 직원	矿工[kuànggōng] 광부
研究员[yánjiūyuán] 연구원	音乐家[yīnyuèjiā] 음악가
画家[huàjiā] 화가	法官[fǎguān] 판사
工程师[gōngchéngshī] 기사(엔지니어)	商人[shāngrén] 상인
老师[lǎoshī] 선생님	舞蹈家[wǔdǎojiā] 무용가
哲学家[zhéxuéjiā] 철학자	医生[yīshēng] 의사
审判员[shěnpànyuán] 판사	公务员[gōngwùyuán] 공무원
摄影师[shèyǐngshī] 촬영사	工人[gōngrén] 노동자

科学家[kēxuéjiā] 과학자   外交官[wàijiāoguān] 외교관

司机[sījī] 운전기사   空姐[kōngjiě] 스튜어디스

飞行员[fēixíngyuán] 조종사   渔民[yúmín] 어민

12) 계절/기후

你喜欢哪个季节？
nǐ xǐhuan nǎgè jìjié
당신은 어느 계절을 좋아하나요?

我喜欢夏天。
nǐ xǐhuan nǎgè xiàtiān
저는 여름을 좋아합니다.

[보충]

春天[chūntiān] 봄	夏天[xiàtiān] 여름	秋天[qiūtiān] 가을
冬天[dōngtiān] 겨울	雷[léi] 벼락	风[fēng] 바람
暴雨[bàoyǔ] 폭우	沙尘暴[shāchénbào] 황사	
小雨[xiǎoyǔ] 가는 비	雪[xuě] 눈	冰雹[bīngbáo] 우박
南风[nánfēng] 남풍	北风[běifēng] 북풍	霜[shuāng] 서리
东风[dōngfēng] 동풍	西风[xīfēng] 서풍	雾[wù] 안개
立春[lìchūn] 입춘	春分[chūnfēn] 춘분	立夏[lìxià] 입하
夏至[xiàzhì] 하지	小暑[xiǎoshǔ] 소서	大暑[dàshǔ] 대서
立秋[lìqiū] 입추	秋分[qiūfēn] 추분	白露[báilù] 백로

今天真冷啊！
jīntiān zhēn lěng a
오늘 정말 춥군요!

热[rè] 덥다

晴朗[qínglǎng] 맑다

暖和[nuǎnhuo] 따뜻하다

闷[mēn] 후덥지근하다

阴[yīn] 흐리다

凉快[liángkuai] 서늘하다

干燥[gānzào] 건조하다

潮湿[cháoshī] 습하다

13) 의복용어

我想买件T恤。
wǒ xiǎng mǎi jiànT xù
T셔츠 한 벌 사려고 합니다.

这件怎么样？
zhè jiàn zěnmeyàng
이 옷은 어떻습니까?

[보충]

西装[xīzhuāng] 양복

衬衫[chènshān] 와이셔츠

polo衫[polo shān] 폴로 티셔츠

外套[wàitào] 외투

短袖[duǎnxiù] 반팔

运动服[yùndòngfú] 운동선수

裤子[kùzi] 바지

上衣[shàngyī] 상의

毛衣[máoyī] 털옷

背心[bèixīn] 조끼

风衣[fēngyī] 바람막이

长袖[chángxiù] 긴팔

无袖[wúxiù] 민소매

睡衣[shuìyī] 잠옷

休闲服[xiūxiánfú] 캐주얼(평상복)

套装[tàozhuāng] 슈트

婚纱[hūnshā] 신부 드레스

制服[zhìfú] 제복

纽扣[niǔkòu] 단추

领子[lǐngzi] 칼라

款式[kuǎnshì] 스타일

棉质[mián zhì] 면

丝[sī] 실크

人造棉[rénzàomián] 인조솜

袜子[wàzi] 양말

裙子[qúnzi] 치마

童装[tóngzhuāng] 아동복

工作服[gōngzuòfú] 작업복

校服[xiàofú] 교복

口袋[kǒudai] 주머니

拉链[lāliàn] 지퍼

颜色[yánsè] 색깔

麻[má] 마

呢绒 [níróng] 모직

人造毛[rénzàomáo] 인조털

牛仔裤[niúzǎikù] 청바지

14) 식물류

这是什么?
zhè shì shénme
이것은 무엇입니까?

好像是杨树。
hǎoxiàng shì yángshù
아마도 백양나무 같습니다.

[보충]

树[shù] 나무

棕榈[zōnglǘ] 종려나무

榉树[jǔshù] 느티나무

水杉[shuǐshān] 메타세쿼이아

樱花 [yīnghuā] 벚꽃

红枫[hóngfēng] 붉은 단풍

杜鹃花[dùjuānhuā] 진달래

迎春花[yíngchūnhuā] 개나리

玫瑰花 [méiguīhuā] 장미

荷花[héhuā] 연꽃

百合花 [bǎihéhuā] 백합

牡丹花[mǔdānhuā] 모란

松树[sōngshù] 소나무

草[cǎo] 풀

花[huā] 꽃

毛竹[máozhú] 대나무

枣树[zǎoshù] 대추나무

海棠[hǎitáng] 해당화

梧桐[wútóng] 오동나무

梅花[méihuā] 매화

侧柏[cèbǎi] 측백나무

茉莉花[mòlìhuā] 재스민

菊花[júhuā] 국화꽃

向日葵[xiàngrìkuí] 해바라기

郁金香 [yùjīnxiāng] 튤립

鸡冠花 [jīguānhuā] 맨드라미

果松[guǒ sōng] 잣나무

15) 동물류

你喜欢什么动物?
nǐ xǐhuan shénme dòngwu
무슨 동물을 좋아합니까?

我非常喜欢猫。
wǒ fēicháng xǐhuan māo
고양이를 매우 좋아합니다.

[보충]

长颈鹿[chángjǐnglù] 기린

猴子[hóuzi] 원숭이

老虎[lǎohǔ] 호랑이

斑马[bānmǎ] 얼룩말

袋鼠[dàishǔ] 캥거루

狮子[shīzi] 사자

鸵鸟[tuóniǎo] 낙타

狗[gǒu] 개

老鼠[lǎoshǔ] 쥐

鸡[jī] 닭

牛[niú] 소

鸟[niǎo] 새

乌龟[wūguī] 거북이

蟋蟀[xīshuài] 귀뚜라미

蚂蚁[mǎyǐ] 개미

鱼[yú] 고기

大猩猩[dàxīngxīng] 고릴라

企鹅[qǐé] 펭귄

河马[hémǎ] 하마

大象[dàxiàng] 코끼리

鹰[yīng] 매

蛇[shé] 뱀

鹅[é] 거위

猫[māo] 고양이

兔子[tùzi] 토끼

鸭[yā] 오리

羊[yáng] 양

青蛙[qīngwā] 개구리

蜻蜓[qīngtíng] 잠자리

蝴蝶[húdié] 나비

蜘蛛[zhīzhū] 거미

16) 사무용품

请问想买什么？
qǐngwèn xiǎng mǎi shénme
무엇을 사려고 하십니까?

我买钢笔。
wǒ mǎi gāngbǐ
볼펜을 사려고 합니다.

[보충]

计算器[jìsuànqì] 계산기

复印纸[fùyìnzhǐ] 복사용지

签字笔[qiānzìbǐ] 사인펜

图钉[túdīng] 압정

纸[zhǐ] 종이

传真[chuánzhēn] 팩스

电话[diànhuà] 전화

垃圾桶[lājītǒng] 쓰레기통

键盘[jiànpán] 키보드

充电器[chōngdiànqì] 충전기

笔记本[bǐjìběn] 노트

复印机[fùyìnjī] 복사기

透明胶[tòumíngjiāo] 투명 접착제

墨水 [mòshuǐ] 잉크

回形针[huíxíngzhēn] 클립

订书机 [dìngshūjī] 종이 찍개 (스테이플러)

手机[shǒujī] 핸드폰

数码相机[shùmǎxiàngjī] 디지털카메라

鼠标[shǔbiāo] 마우스

笔记本电脑[bǐjìběn diànnǎo] 노트북

17) 일상용품

你要什么？
nǐ yào shénme
무엇을 찾으십니까?

我要买一个剪刀。
wǒ yào mǎi yígè jiǎndāo
저는 가위를 사려고 합니다.

[보충]

熨斗[yùndǒu] 다리미

闹钟[nàozhōng] 알람시계

剪刀[jiǎndāo] 가위

太阳镜[tàiyángjìng] 선글라스

餐巾[cānjīn] 냅킨

牙刷[yáshuā] 칫솔

吹风机[chuīfēngjī] 헤어드라이어

指甲刀[zhǐjiǎdāo] 손톱깎이

洗衣机[xǐyījī] 세탁기

冰箱[bīngxiāng] 냉장고

净水器[jìngshuǐqì] 정수기

转换插头[zhuǎnhuàn chātóu] 멀티플러그

雨伞[yǔsǎn] 우산

钥匙[yàoshi] 열쇠

眼镜[yǎnjìng] 안경

卫生纸 [wèishēngzhǐ] 휴지

毛巾[máojīn] 수건

牙膏[yágāo] 치약

插座[chāzuò] 콘센트

拖鞋[tuōxié] 슬리퍼

干衣机[gānyījī] 빨래 건조기

烤面包机[kǎomiànbāojī] 토스트기

18) 시간용어

不是现在去吗?
búshì xiànzài qù ma
지금 가는 것이 아닙니까?

不是啊，明天才去。
búshì a, míngtiān cái qù
아니에요, 내일이 돼야 갑니다.

[보충]

今天[jīntiān] 오늘	明天[míngtiān] 내일	昨天[zuótiān] 어제
前天[qiántiān] 그저께	后天[hòutiān] 모레	上午[shàngwǔ] 오전
下午[xiàwǔ] 오후	夜间[yèjiān] 야간	
现在 [xiànzài] 지금	当时[dāngshí] 당시	马上[mǎshàng] 바로(곧)
早晨[zǎochén] 아침	中午[zhōngwǔ] 정오	晚上[wǎnshang] 저녁
夜[yè] 밤	白天[báitiān] 대낮	
时分[shífēn] 때(무렵)	时间[shíjiān] 시간	

结婚典礼在什么时候？
jiéhūn diǎnlǐ zài shénmeshíhòu
결혼식은 언제합니까?

在五月十五号。
zài wǔyuè shíwǔ hào yīyuè
5월 15일 입니다.

[보충]

一月[yīyuè] 1월　　　　二月[èryuè] 2월　　　　三月[sānyuè] 3월

四月[sìyuè] 4월　　　　五月[wǔyuè] 5월　　　　六月[liùyuè] 6월

七月 [qīyuè] 7월　　　　八月[bāyuè] 8월　　　　九月[jiǔyuè] 9월

十月[shíyuè] 10월　　　十一月[shíyīyuè] 11월　　十二月[shí'èryuè] 12월

一日[yírì] 1일　　　　　二日[èrrì] 2일　　　　　三日[sānrì] 3일

四日[sìrì] 4일　　　　　五日[wǔrì] 5일　　　　　六日[liùrì] 6일

七日[qīrì] 7일　　　　　八日[bārì] 8일　　　　　九日[jiǔyuè] 9일

十日 [shíyuè] 10일　　　十一日[shíyīyuè] 11일　　十五日[shíwǔrì] 15일

二十日[èrshírì] 20일　　　　　　　　　　　　二十一日[èrshíyīrì] 21일

二十五日[èrshíwǔrì] 25일　　　　　　　　　　三十日[sānshírì] 30일

三十一日 [sānshíyīrì] 31일

一天[yìtiān] 하루　　　　　两天[liǎngtiān] 이틀

三天[sāntiān] 삼일　　　　四天 [sìtiān] 사일

五天[wǔtiān] 오일　　　　　十天[shítiān] 열흘

十五天[shíwǔtiān] 십오일　　三十天[sānshítiān] 삼십일

一个月[yígèyuè] 한 달　　　两个月[liǎnggèyuè] 두 달

一年[yìnián] 1년　　　　　两年[liǎngnián] 2년

19) 방향명사

遥控器在哪里？
yáokòngqì zài Nǎlǐ
리모컨은 어디에 있습니까?

在这里。
zài zhèli
여기에 있습니다.

[보충]

那里[Nàlǐ] 저기   那个[nàgè] 저것

这里[zhèli] 여기   这个[zhège] 이것

您看中哪个了？
nín kànzhòng nǎgè le
어느 것이 마음에 드십니까?

给我看一下中间的那个。
nín kànzhòng nǎgè le
중간에 있는 저것 좀 보여주십시요.

[보충]

上面[shàngmiàn] 위쪽   下面[xiàmiàn] 아래쪽

前面[qiánmiàn] 앞쪽   后面[Hòumiàn] 뒤쪽

里面[lǐmiàn] 안쪽   外面[Wàimiàn] 바깥쪽

左边[Zuǒbiān] 왼쪽   右边[yòubiān] 오른쪽

旁边[pángbiān] 옆쪽

餐厅在哪里？
Cāntīng zài Nǎlǐ
식당은 어디에 있습니까?

在图书馆的东面。
zài Túshūguǎn de dōngmiàn
도서관의 동쪽에 있습니다.

[보충]

西面[xīmiàn] 서쪽   北面[běimiàn] 북쪽

南面[nánmiàn] 남쪽   东南[Dōngnán] 동남

西南[Xīnán] 서남   东北[Dōngběi] 동북

西北[Xīběi] 서북

对面[duìmiàn] 맞은편   斜对面[xiéduìmiàn] 대각선 쪽

20) 가구/식기류

新家怎么样?
xīn jiā zěnmeyàng
새 집이 어떻습니까?

不错，家具很漂亮。
búcuò, jiājù hěn piàoliang
좋습니다. 가구가 매우 예쁩니다.

[보충]

床[chuáng] 침대

床垫[chuángdiàn] 침대 매트리스

床罩[chuángzhào] 침대 커버

书柜[shūguì] 책장

抽屉[chōuti] 서랍

电脑桌[diànnǎo zhuō] 컴퓨터 책상

盘子[pánzi] 접시

茶杯[chábēi] 찻잔

筷子[kuàizi] 젓가락

平底锅[píngdǐguō] 프라이팬

椅子[yǐzi] 의자

衣柜[yīguì] 옷장

鞋柜[xiéguì] 신발장

坐垫[zuòdiàn] 방석

棉被[miánbèi] 이불

床单[chuángdān] 침대 시트

枕头[zhěntou] 베개

书架[shūjià] 책꽂이

梳妆台[shūzhuāngtái] 화장대

餐桌[cānzhuō] 식탁

碟子[diézi] 작은 접시

汤匙[tāngchí] 수저

叉子[chāzi] 포크

水壶[shuǐhú] 주전자

沙发[shāfā] 쇼파

衣架[yījià] 옷걸이

窗帘[chuānglián] 커튼

21) 학교용어

下午第一节是什么课?
xiàwǔ dìyī jié shì shénme kè
오후 첫 번째 수업은 무슨 수업입니까?

不是中国语吗?
búshì Zhōngguó yǔ ma
중국어 수업 아닌가요?

[보충]

数学[shùxué] 수학

实验[shíyàn] 실험

体育[tǐyù] 체육

美术[měishù] 미술

电脑[diànnǎo] 컴퓨터

物理[wùlǐ] 물리

哲学[zhéxué] 철학

科学[kēxué] 과학

音乐[yīnyuè] 음악

英语[yīngyǔ] 영어

化学 [huàxué] 화학

生物[shēngwù] 생물

那是什么地方？
nà shì Shénmedìfāng
저기는 어떤 곳입니까?

那是图书馆。
nà shì Túshūguǎn
저기는 도서관입니다.

[보충]

校长室[xiàozhǎng shì] 교장실　　　　教师室[jiàoshī shì] 교무실

辅导室[fǔdǎo shì] 연습실　　　　　教室 [Jiàoshì] 교실

视听教室[shìtīng Jiàoshì] 시청각실　　实验室[Shíyànshì] 실험실

礼堂[Lǐtáng] 강당　　　　　　　　图书馆[Túshūguǎn] 도서관

教室里有什么？
Jiàoshì lǐ yǒu shénme
교실에는 무엇이 있습니까?

有椅子。
yǒu yǐzi
의자가 있습니다.

[보충]

黑板[hēibǎn] 칠판　　　　　　　　讲桌[jiǎng zhuō] 교탁

白板[báibǎn] 화이트보드　　　　　黑板擦[hēibǎncā] 칠판지우개

粉笔[fěnbǐ] 분필　　　　　　　　　讲台[jiǎngtái] 강단

你是学生吗？
nǐ shì xuésheng ma
당신은 학생입니까?

是的，我正在上中学。
shì de wǒ zhèngzài shàng Zhōngxué
네, 저는 중학교에 다니고 있습니다.

[보충]

幼儿园[Yòu'éryuán] 유치원　　　　　小学[xiǎoxué] 초등학교

中学[Zhōngxué] 중학교　　　　　　高中[gāozhōng] 고등학교

大学[Dàxué] 대학교　　　　　　　研究生院[yánjiūshēngyuàn] 대학원

22) 서적용어

这本小说怎么样？
zhè běn xiǎoshuō zěnmeyàng
이 소설은 어떻습니까?

很有意思。你读读看。
hěn yǒu yìsi. nǐ dúdú kàn
매우 재미있습니다. 당신도 한번 읽어 보세요.

[보충]

记录[jìlù] 기록

自传[zìzhuàn] 자전

漫画[mànhuà] 만화

报纸[bàozhǐ] 신문

散文[sǎnwén] 산문

中篇[zhōngpiān] 중편

童话[tónghuà] 동화

周刊[zhōukān] 주간

季刊[jìkān] 계간

随笔[suíbǐ] 수필

传记[zhuànjì] 전기

旅游书[lǚyóu shū] 여행용 책자

杂志[zázhì] 잡지

短篇[duǎnpiān] 단편

长篇[chángpiān] 장편

日刊[rì kān] 일간

月刊[yuèkān] 월간

23) 각종 가전

正在看什么呢?
zhèngzài kàn shénme ne
지금 무엇을 보고 있습니까?

在看新电视的操作说明。
zài kàn xīn diànshì de cāozuò shuōmíng
새로운 TV의 사용 설명서를 보고 있는 중입니다.

[보충]

保证书[bǎozhèngshū] 보증서   安装[ānzhuāng] 설치하다

维修[wéixiū] 수리하다   使用方法[shǐyòng fāngfǎ] 사용 방법

功能[gōngnéng] 기능   频道[píndào] 채널

音量[yīnliàng] 음량   尺寸[chǐcùn] 치수

画质[huàzhì] 화질   显示器[xiǎnshìqì] 모니터

遥控器[yáokòngqì] 리모컨   机顶盒[jīdǐnghé] 셋톱박스

你想要买什么？
nǐ xiǎng yào mǎi shénme
무엇을 사려고 합니까?

我想买电冰箱。
wǒ xiǎng mǎi diànbīngxiāng
저는 냉장고를 사려고 합니다.

[보충]

插头[chātóu] 플러그

插座[chāzuò] 소켓

电线[diànxiàn] 전선

遥控器[yáokòngqì] 리모컨

电视机[diànshìjī] 텔레비전

洗衣机[xǐyījī] 세탁기

空调[kōngtiáo] 에어컨

微波炉[wēibōlú] 전자레인지

电扇[diànshàn] 선풍기

饮水机[yǐnshuǐjī] 정수기

电池[diànchí] 건전지

开关[kāiguān] 스위치

电话[diànhuà] 전화

手机[shǒujī] 핸드폰

电熨斗[diànyùndǒu] 전기다리미

吹风机[chuīfēngjī] 드라이기

加湿器[jiāshīqì] 가습기

电子炉[diànzǐlú] 전기 후라이팬

电烤箱[diànkǎoxiāng] 전기 오븐

热水器[rèshuǐqì] 온수기

光碟机[guāngdiéjī] CD플레이어

音响 [yīnxiǎng] 음향

光盘[guāngpán] 씨디

收音机[shōuyīnjī] 라디오

耳机[ěrjī] 이어폰

全自动洗衣机[quánzìdòngxǐyījī] 진자동 세탁기

Part 4

생활회화 익히기

1. 식당에서

(1)

A : 请(qǐng)点菜(diǎncài)。

음식 주문하십시오.

B : 小姐(xiǎojiě)，请问(qǐngwèn)今天(jīntiān)的(de)特价(tèjià)菜
(cài)是(shì)什么(shénme)？

아가씨, 말씀 좀 여쭙겠습니다. 오늘의 특가 요리는 어떤건가요?

A : 是(shì)套餐(tàocān)和(hé)冷面(lěngmiàn)。

셋트 요리와 냉면입니다.

B : 那么(name)给(gěi)我(wǒ)一份(yífèn)套餐(tàocān)吧(bā)。

그럼 셋트 요리로 1인분 주십시오.

A : 好(hǎo)的(de)。您(nín)要(yào)喝(hē)什么(shénme)。

알겠습니다. (음료는) 무엇을 마시겠습니까?

B : 给(gěi)我(wǒ)橙汁(chéngzhī)吧(bā)。

오렌지주스로 주십시요.

A : 对不起(duìbùqǐ)。橙汁(chéngzhī)已经(yǐjīng)没有了(méiyǒule)。

죄송합니다. 오렌지주스는 이미 다 팔렸습니다.

B : 那么(name)给(gěi)我(wǒ)可乐(kělè)吧(bā)。

그러면 콜라로 주십시요.

(2)

A : 服务员(fúwùyuán)！

여기요!

B : 来了(láile)。

갑니다.

A : 这个(zhège)咖啡(kāfēi)不是(búshì)我们(wǒmen)点(diǎn)的(de)。我们(wǒmen)的(de)是(shì)可乐(kělè)。

이 커피는 우리가 시킨 것이 아닌데요. 우리는 콜라를 시켰는데요.

B : 对不起(duìbùqǐ)。马上(mǎshàng)给(gěi)您(nín)换(huàn)。

죄송합니다. 곧 바꿔드리겠습니다.

A : 我们(wǒmen)点(diǎn)的(de)套餐(tàocān)还(hái)没(méi)好(hǎo)吗(ma)。已经(yǐjīng)过了(guòle)三十分钟(sānshífēnzhōng)了(le)。

우리가 주문한 셋트 요리 아직 안 나왔어요. 이미 30분이 지났습니다.

B : 对不起(duìbùqǐ)。马上(mǎshàng)给(gěi)您(nín)催(cuī) 一下(yíxià)。

죄송합니다. 바로 재촉해보겠습니다.

A : 另外(lìngwài), 稍微(shāowēi)再(zài)来(lái)点(diǎn)小菜(xiǎocài) 吧(bā)。

그리고, 조금 있다가 간단한 반찬 좀 더 주문할게요.

B : 好(hǎo)的(de), 知道了(zhīdàole)。

네, 알겠습니다.

2. 진료 받기

(1)

A : 医生(yīshēng), 我(wǒ)弟弟(dìdi)腹泻了(fùxièle)。

의사선생님, 제 동생이 설사를 하였습니다.

B : 先(xiān)冷静(lěngjìng)一下(yíxià)，再(zài)慢慢(mànmàn)地(de)说(shuō)。

우선 침착하시고, 그런 후에 천천히 말씀하세요.

A : 弟弟(dìdi)今天(jīntiān)早上(zǎoshang)开始(kāishǐ)就(jiù)不停(bùtíng)地(de)腹泻(fùxiè)。还(hái)呕吐(ǒutù)。

동생이 오늘 아침부터 계속해서 설사를 합니다. 게다가 토하기까지 합니다.

B : 今天(jīntiān)早上(zǎoshang)吃了(chīle)什么(shénme) ?

오늘 아침에 무엇을 드셨나요?

A : 什么(shénme)也(yě)没(méi)吃(chī)。

아무것도 안 먹었습니다.

B : 那么(nàme)昨天晚上(zuótiānwǎnshàng)呢(ne) ?

그럼 어제 저녁은요?

A : 这个(zhège), 昨天晚上(zuótiānwǎnshàng)弟弟(dìdi)有(yǒu)个(gè)聚会(jùhuì)。好像(hǎoxiàng)喝了(hēle)很多(hěnduō)酒(jiǔ)。

그게, 어제 저녁 동생이 모임이 있었습니다. 아무래도 술을 많이 마신 것 같습니다.

B : 不是(búshì)醉酒(zuìjiǔ)引起(yǐnqǐ)的(de)。先(xiān)抽血(chōuxiě)检查(jiǎnchá)一下(yíxià)。

술이 취해서 생긴 것이 아닙니다. 먼저 채열을 하고 검사를 좀 해봅시다.

A : 医生(yīshēng), 已经(yǐjīng)检查(jiǎnchá)完了(wánle)。

선생님, 검사 다 마쳤습니다.

B: 是(shì)急性肠炎(jíxìngchángyán)。

급성장염입니다.

拿着(názhe)这个(zhège)去(qù)注射室(Zhùshèshì)打针(dǎzhēn)。

이것 가지고 주사실에 가서 주사를 맞으세요.

打四天针(dǎsìtiānzhēn)就(jiù)没事了(méishìle)。

4일 동안 주사 맞으면 괜찮아질겁니다.

还有(háiyǒu)这(zhè)四天(sìtiān)期间(qījiān)不能(bùnéng)喝酒(hējiǔ)。

그리고 4일 동안은 술을 드시지 마십시요.

饮食方面(yǐnshífāngmiàn), 不要(búyào)吃(chī)油腻(yóunì)的(de)东西(dōngxi)。

음식은 기름기 많은 것은 드시지 마세요.

A : 是(shì), 知道了(zhīdàole)。谢谢(xièxie)。这(zhè)四天(sìtiān)期间(qījiān)我们(women)一定会(yídìnghuì)注意(zhùyì)的(de)。

네, 알겠습니다. 감사합니다. 말씀하신 4일 동안 꼭 주의하도록 하겠습니다.

(2)

A : 请进(qǐngjìn)。怎么(zěnme)了(le)？

들어오십시요. 어떻게 오셨습니까?

B : 嗓子(sǎngzi)疼(téng), 还(hái)流(liú)鼻涕(bíti)。

목구멍이 아프고, 콧물도 나서요.

A : 头疼(tóuténg)吗(ma)？

머리는 아프신가요?

B : 疼(téng)。好象(hǎoxiàng)得(dé)感冒了(gǎnmàole)。

아픕니다. 아무래도 감기에 걸린 것 같습니다.

A : 请(qǐng)张嘴(zhāngzuǐ)。

입을 벌리세요.

B : 啊(a)。。。。

아…아…

A : 不是(búshì)普通(pǔtōng)的(de)感冒(gǎnmào)，是(shì)重感冒(zhònggǎnmào)。

일반 감기가 아니고 독감입니다.

请(qǐng)拿着(názhe)这个(zhège)处方(chǔfāng)去(qù)药店(Yàodiàn)买(mǎi)药(yào)。

이 처방 가지고 약국에 가서서 약을 사십시요.

一天(yìtiān)三次(sāncì)，别(bié)忘了(wàngle)。

하루 3번 드시는 것 잊지마세요.

B : 需要(xūyào)打针(dǎzhēn)吗(ma)?

주사를 맞아야 합니까?

A : 没关系(méiguānxì)。不(bù)打针(dǎzhēn)也(yě)可以(kěyǐ)好(hǎo)。

괜찮습니다. 주사 안 맞아도 좋아질겁니다.

B : 谢谢(xièxie)。我(wǒ)以为(yǐwéi)这次(zhècì)要(yào)打针(dǎzhēn)，还(hái)害怕(hàipà)呢(ne)。

감사합니다. 저는 주사를 맞아야 하는가 싶어, 좀 겁이 났었습니다.

A : 别(bié)怕(pà)。只(zhǐ)吃药(chīyào)就(jiù)行了(xíngle)。这种(zhèzhǒng)程度(chéngdù)还(hái)没(méi)必要(bìyào)打针(dǎzhēn)的(de)。

겁내지 마세요. 약만 먹어도 괜찮을 겁니다. 이 정도는 주사를 맞을 필요가 없습니다.

B : 好(hǎo)的(de)，谢谢(xièxie)。

네, 감사합니다.

3. 은행 업무

(1)

A : 我(wǒ)想(xiǎng)办(bàn)个(gè)存折(cúnzhé)。

통장을 하나 만들려고 합니다.

B : 首先(shǒuxiān), 请(qǐng)在(zài)这(zhè)张(zhāng)单子(dānzi)上
(shàng)写(xiě)上(shàng)您(nín)的(de)姓名(xìngmíng)。

우선 여기에 성명을 기록해주세요.

然后(ránhòu)填(tián)上(shàng)要(yào)存(cún)的(de)金额
(jīn'é)。

그런 후에 예금할 금액을 적어주세요.

A : 好(hǎo)的(de), 知道了(zhīdàole)。

네, 알겠습니다.

B : 请问(qǐngwèn)您(nín)带(dài)身份证(shēnfènzhèng)来(lái)了(le)
吗(ma)?

신분증을 가져오셨나요?

A : 在(zài)这里(zhèli), 是(shì)护照(hùzhào)。用(yòng)这个(zhège)
可以(kěyǐ)吗(ma)?

여기있습니다, 여권입니다. 이것으로 할 수 있습니까?

B : 当然(dāngrán)可以(kěyǐ)。另外(lìngwài)请(qǐng)输入密码
(shūrùmìmǎ)。

물론 가능합니다. 추가로 비밀번호도 입력해주십시오.

A : 要(yào)输入(shūrù)几位(jǐwèi)数(shù)呢(ne)?

몇 자리 숫자를 입력해야합니까?

B : 请(qǐng)输入(shūrù)6位(wèi)数(shù)。请(qǐng)按(àn)确认键
(quèrènjiàn)。

여섯 자리 숫자를 입력해 주십시오. 확인 키를 누르십시오.

这(zhè)是(shì)存折(cúnzhé)。请(qǐng)您(nín)确认(quèrèn)。

여기 통장있습니다. 확인해 보시기 바랍니다.

A : 谢谢(xièxie)。但是(dànshì)这(zhè)存折(cúnzhé)没有(méiyǒu)卡
(kǎ)吗(ma)?

감사합니다. 그런데 이 통장은 카드가 딸려 있지 않습니까?

B : 我们(Wǒmen)银行(Yínháng)有(yǒu)卡(kǎ)。

우리은행에는 카드가 있습니다.

但是(dànshì)卡(kǎ)是(shì)要(yào)单独(dāndú)申请(shēnqǐng)才
能(cáinéng)办理(bànlǐ)的(de)。

그런데 카드는 별도로 신청해야만 처리가 가능합니다.

B : 好(hǎo)的(de), 我(wǒ)知道了(zhīdàole)。

　　네, 알겠습니다.

(2)

A : 你好(nǐhǎo)？ 请问(qǐngwèn)。这里(zhèli)可以(kěyǐ)换钱
　　(huànqián)吗(ma)？

　　안녕하세요? 말씀 좀 여쭙겠습니다. 여기서 환전을 할 수 있습니까?

B : 可以(kěyǐ)。请问(qǐngwèn), 要(yào)换(huàn)什么(shénme)货币
　　(huòbì)呢(ne)？

　　할 수 있습니다. 실례지만, 어떤 화폐로 바꾸시려고 하는지요?

A : 想(xiǎng)用(yòng)美金(měijīn)换(huàn)人民币(rénmínbì)。

　　달러를 중국 돈으로 바꾸려고 합니다.

B : 今天(jīntiān)的(de)汇率(huìlǜ)是(shì)一(yì)美金(měijīn)换
　　(huàn)7元(yuan)人民币(rénmínbì)。

　　오늘 환율은 1달러에 중국 돈 7원입니다.

请问(qǐngwèn), 您(nín)要(yào)换(huàn)多少(duōshǎo)？

실례지만, 얼마를 바꾸려고 하십니까?

A : 换(huàn)一千(yìqiān)美元(měiyuán)。

천 달러를 바꾸려고 합니다.

B : 是(shì)一百元(yìbǎiyuán)面值(miànzhí)的(de)吗(ma)？

백원짜리로 드릴까요?

A: 是(shì)的(de)。

네.

B : 请(qǐng)稍(shāo)等(děng)。给(gěi)您(nín)钱(qián)。

잠시만 기다리십시요. 여기 있습니다.

A : 不好意思(bùhǎoyìsī), 请(qǐng)给(gěi)我(wǒ)五百元(wǔbǎiyuán)的(de)现金(xiànjīn), 剩下(shèngxià)的(de)放在(fàngzài)我(wǒ)的(de)存折(cúnzhé)里(lǐ)。

죄송합니다만, 5백원은 현금으로 주시고, 나머지는 제 통장에 넣어 주십시요.

B : 好(hǎo)的(de), 我(wǒ)知道了(zhīdàole)。请(qǐng)稍(shāo)等(děng)。

네, 알겠습니다. 잠시만 기다리십시요.

这(zhè)是(shì)五百元(wǔbǎiyuán)和(hé)存折(cúnzhé)。请(qǐng)您(nín)确认(quèrèn)一下(yíxià)。

여기 5백원과 통장입니다. 확인 좀 부탁드립니다.

A : 嗯(ēng), 对(duì)。谢谢(xièxie)。还有(háiyǒu)一个(yígè)事情(shìqing)请问(qǐngwèn)一下(yíxià)。

네, 맞습니다. 감사합니다. 또 한가지 좀 여쭤보겠습니다.

B : 请(qǐng)讲(jiǎng)。

말씀하십시요.

A : 汇率(huìlǜ)每天(měitiān)都(dōu)不一样(bùyíyàng)吗(ma)？

환율이 매일마다 다릅니까?

B : 嗯(ēng)，是(shì)的(de)。我们(women)也(yě)不能(bùnéng)提前(tíqián)知道(zhīdào)。

음, 그렇습니다. 저희도 미리 알 수 없습니다.

4. 의류 구입

(1)

A : 想(xiǎng)买(mǎi)点(diǎn)什么(shénme)？

사고 싶은 물건이 있습니까?

B : 想(xiǎng) 买(mǎi)皮鞋(píxié)。

구두를 사려고 합니다.

A : 那(nà)我们(women)去(qù)王府井(Wángfǔjǐng)吧(bā)。

그러면 우리 왕푸징으로 가시죠.

B : 好(hǎo)的(de)。

네.

A : 这里(zhèlǐ)有(yǒu)家(jiā)皮鞋店(Píxiédiàn)呢(ne), 进去(jìnqù)看看(kànkàn)吧(bā)？

여기 구두가게가 있네요, 들어가서 좀 보실래요?

B : 这(zhè)双(shuāng)皮鞋(píxié)怎么样(zěnmeyàng)？

이 구두는 어떠세요?

A : 不错(búcuò), 挺(tǐng)帅(shuài)的(de)。试试看(shìshikàn)吧(bā)。满意(mǎnyì)吗(ma)？

괜찮은데요, 아주 멋져 보이네요. 한번 신어보세요. 마음에 드세요?

B : 嗯(ēng), 非常(fēicháng)好(hǎo)。你好(nǐhǎo), 请问(qǐngwèn), 这(zhè)双(shuāng)皮鞋(pixie)多少(duōshǎo)钱(qián)？

음, 아주 좋습니다. 안녕하세요, 실레지만 이 구두 얼마입니까?

C : 三百块(sānbǎikuài)钱(qián)。

삼백 원입니다.

B : 给(gěi)你(nǐ)。

여기 있습니다.

C : 不(bù)买(mǎi)点(diǎn)别的(biéde)东西(dōngxi)吗(ma)？看看(kànkàn)这(zhè)运动鞋(yùndòngxié)。这+也(yě)挺(tǐng)帅气(shuàiqì)的(de)。

다른 것은 사실 게 없으십니까? 이 운동화 좀 보시죠. 이것도 아주 멋져 보이시는데요.

A : 是(shì)啊(a)，你(nǐ)试试看(shìshikàn)这(zhè)双(shuāng)运动鞋(yùndòngxié)。

그런 것 같은데요, 이 운동화 한번 신어보세요.

B : 不(bù)买了(mǎile)，我(wǒ)的(de)运动鞋(yùndòngxié)很多(hěnduō)。走(zǒu)吧(ba)。

안 살래요, 제가 운동화가 너무 많아서요. 갑시다.

C : 这(zhè)是(shì)新品(xīnpǐn)。今年(jīnnián)特别(tèbié)流行(liúxíng)。已经(yǐjīng)好多次(hǎoduōcì)断(duàn)货(huò)了(le)。

이 운동화는 신상품입니다. 금년에 특히 많이들 신었습니다. 이미 여러 차례 품절이 되기도 했습니다.

B : 真(zhēn)的(de)吗(ma)？那么(name)试穿(shìchuān)一下(yíxià)吧(ba)。

정말입니까? 그럼 한번 신어볼게요.

(2)

A : 需要(xūyào)什么(shénme)？

필요한 것 있으세요?

B: 想(xiǎng)买(mǎi)牛仔裤(niúzǎikù)。

청바지를 사려고 합니다.

A: 是(shì)客人(kèrén)您(nín)穿(chuān)的(de)吗(ma)？

손님께서 직접 입으시려는 건가요?

B : 是(shì)的(de)。

그렇습니다.

A : 这(zhè)条(tiáo)怎么样(zěnmeyàng)？

이것은 어떠세요?

B : 我(wǒ)不(bù)怎么(zěnme)喜欢(xǐhuan)蓝(lán)颜色(yánsè)。

저는 남색을 별로 좋아하지 않습니다.

A : 那么(name)，这(zhè)条(tiáo)怎么样(zěnmeyàng)？

그럼, 이건 어떻습니까?

B : 哇(wā)！真(zhēn)漂亮(piàoliang)。

오! 정말 예쁜데요.

A : 穿上(chuānshàng)试(shì)一下(yíxià)吧(bā)。

한번 입어 보시죠.

B : 好(hǎo)的(de)。有点(yǒudiǎn)大(dà)了(le)吧(bā)？

알겠습니다. 좀 커보이죠?

A : 没有(méiyǒu)啊(a)，很(hěn)帅(shuài)的(de)。

아니에요, 아주 멋지십니다.

B : 那么(nàme)，就(jiù)买(mǎi)这个(zhège)吧(bā)。

그러면, 이것으로 하겠습니다.

A : 价格(jiàgé)是(shì)两百元(liǎngbǎiyuán)。

가격은 2백 원입니다.

B : 有点(yǒudiǎn)贵(guì)了(le)。再(zài)便宜(piányi)一点(yìdiǎn)吧
(bā)。

조금 비싸네요. 조금 싸게 해주세요.

A : 那(nà)，一百八十块(yībǎibāshíkuài)钱(qián)。再(zài)不能
(bùnéng)便宜(piányi)了(le)。

그럼, 180원에 드릴게요. 더 이상 싸게는 안됩니다.

B : 好(hǎo)吧(bā)。给(gěi)你(nǐ)。

좋습니다. (돈) 여기 있습니다.

(1)

A : 欢迎(huānyíng)光临(guānglín)。要点(yàodiǎn)什么(shénme)?

어서오십시요. 필요하신게 있으신가요?

B : 这些(zhèxiē)苹果(píngguǒ)多少(duōshǎo)钱(qián)?

이 사과들은 얼마입니까?

A : 一斤(yìjīn)二十块(èrshíkuài)钱(qián)。

한 근에 20원입니다.

B : 梨(lí)多少(duōshǎo)钱(qián)?

배는 얼마인가요?

A : 梨(lí)也(yě)是(shì)一斤(yìjīn)二十块(èrshíkuài)钱(qián)。很(hěn)好吃(hǎochī)的(de)。尝(cháng)一个(yígè)也(yě)没关系(méiguānxì)。

배도 한 근에 20원입니다. 아주 맛있습니다. 하나 맛보서도 괜찮습니다.

B : 是(shì)嘛(má)。谢谢(xièxie)。

그래요, 감사합니다.

A : 怎么样(zěnmeyàng)？好吃(hǎochī)吗(ma)？

어떠세요? 맛있습니까?

B : 真(zhēn)好吃(hǎochī)。那么(nàme)，给(gěi)我(wǒ)一斤(yìjīn)苹果(píngguǒ)和(hé)一斤(yìjīn)梨(lí)。

정말 맛있네요. 그럼, 사과 한 근하고 배 한 근 주세요.

A : 给(gěi)你(nǐ)，总共(zǒnggòng)是(shì)四十块(sìshíkuài)钱(qián)。

여기 있습니다. 합게 40원입니다.

B : 给(gěi)你(nǐ)。

(돈) 여기 있습니다.

A : 先生(xiānsheng)，今天(jīntiān)的(de)樱桃(yīngtáo)很好(hěnhǎo)的(de)。买(mǎi)一点(yìdiǎn)吧(bā)？

손님, 오늘 앵두가 아주 맛있습니다. 조금 사가시죠?

B : 这(zhè)樱桃(yīngtáo)看上去(kànshàngqù)不错(búcuò)啊(a)。

이 앵두 보기에는 괜찮아 보이네요.

A : 味道(wèidào)也 (yě) 是(shì)一流(yīliú)的(de)呢(ne)。尝(cháng)一个(yígè)。

맛도 아주 최고급입니다. 하나 맛보세요.

B : 嗯(ēng)。。好吃(hǎochī)。下次(xiàcì)吧(bā)。

음.. 맛있네요. 다음에요.

 (2)

A : 喂(wèi)？请问(qǐngwèn)，您(nín)那边(Nàbiān)是(shì)餐厅(Cāntīng)吧(bā)？

여보세요? 실례합니다만, 거기 식당이죠?

B : 嗯(èng)，是(shì)的(de)。

네, 그렇습니다.

A : 这里(zhèlǐ)是(shì)北京饭店(Běijīngfàndiàn)217号(hào)。麻烦(máfan)送(song)一份(yífèn)炒面(chǎomiàn)一份(yífèn)水饺(shuǐjiǎo)，还有(háiyǒu)两瓶(liǎngpíng)可乐(kělè)。

여기는 북경호텔 217호입니다. 볶음면 1인분하고 만두 1인분, 그리고 콜라 2병 좀 배달해 주십시오.

B : 好(hǎo)的(de)，知道了(zhīdàole)。

네. 알겠습니다.

还(hái)需要(xūyào)什么(shénme)吗(ma)?

더 필요한 것이 있으십니까?

A : 没有了(méiyǒule)。什么时候(shénmeshíhòu)送(sòng)呢(ne)?

없습니다. 언제 배달이 될까요?

B : 客人(kèrén)，对不起(duìbùqǐ)。我们(wǒmen)现在(xiànzài)很
(hěn)忙(máng)大约(dàyuē)15分钟(fēnzhōng)后(hòu)给(gěi)您(nín)
送(sòng)过去(guòqù)。可以(kěyǐ)吗(ma)?

손님, 죄송합니다. 지금은 바쁜 시기라 대략 15분 후에나 배달해 드
릴 수 있습니다. 괜찮으십니까?

A : 没关系(méiguānxi)的(de)。

괜찮습니다.

B : 好(hǎo)的(de)，请(qǐng)稍(shāo)等(děng)。谢谢(xièxie)。

네. 그럼 좀 기다려주시기 바랍니다. 감사합니다.

A : 啊(a)，对(duì)了(le)，再(zài)来(lái)一份(yífèn)鸡蛋(jīdàn)汤
(tāng)。

아, 참, 계란탕 1인분 추가해주세요.

B : 好(hǎo)的(de)，知道了(zhīdàole)。

네, 알겠습니다.

6. 호텔 투숙

(1)

A : 您好(nínhǎo)！请问(qǐngwèn)，需要(xūyào)帮(bāng)您(nín)什么(shénme)吗(ma)？

안녕하세요? 실례지만, 무엇을 도와드릴까요?

B : 我(wǒ)想(xiǎng)现在(xiànzài)入住(rùzhù)。

제가 지금 체크인을 하려고 합니다.

A : 您(nín)是不是(shìbúshì)预约过(yùyuēguò)了(le)呢(ne)？

예약을 하셨나요?

B : 没有(méiyǒu)。没有(méiyǒu)空房间(kōngfángjiān)了(le)吗(ma)？

아니요. 빈방이 없습니까?

A : 有(yǒu)。您(nín)想(xiǎng)要(yào)什么样(shénmeyàng)的(de)房间(Fángjiān)？

있습니다. 어떤 방을 원하시나요?

B : 给(gěi)我(wǒ)一间(yìjiān)安静(ānjìng)的(de)单人间(dānrénjiān)。

조용한 1인실 방으로 주세요.

A : 好(hǎo)的(de)。您(nín)还有(háiyǒu)什么(shénme)要求(yāoqiú)吗(ma)？

알겠습니다. 또 더 필요한 것이 있으시나요?

B : 有(yǒu)。是能(shìnéng)欣赏(xīnshǎng)前面(qiánmiàn)公园
(Gōngyuán)的(de)房间(Fángjiān)吗(ma)？

있습니다. 앞쪽 공원이 보이는 방을 좀 구경할 수 있나요?

A : 是(shì)的(de)，您(nín)在(zài)这里(zhèli)要(yào)住(zhù)几天
(jǐtiān)？

네, 여기서 며칠 묵으시려고 합니까?

B : 从(cóng)今天(jīntiān)到(dào)下周一(xiàzhōuyī)。住宿费
(zhùsùfèi)一天(yìtiān)多少(duōshǎo)钱(qián)？

오늘부터 다음주 월요일까지입니다. 숙박비는 하루에 얼마입니까?

A : 单人间(dānrénjiān)一天(yìtiān)六百块(liùbǎikuài)。

1인실은 하루 600원입니다.

B : 宾馆(Bīnguǎn)里(lǐ)有(yǒu)餐厅(cāntīng)吗(ma)？

숙소 안에 식당이 있습니까?

A : 有(yǒu)。在(zài)二层(èrcéng)。早餐(zǎocān)是(shì)免费(miǎnfèi)的(de)。

있습니다. 2층에 위치하고 있습니다. 아침은 무료입니다.

B : 可以(kěyǐ)早上(zǎoshang)叫醒(jiàoxǐng)我(wǒ)吗(ma)?

아침에 모닝콜해 주실 수 있으십니까?

A : 是(shì)的(de)。提前(tíqián)给(gěi)服务台(fúwùtái)打电话(dǎdiànhuà)就(jiù)行了(xíngle)。

그럼요. 미리 프런트에 알려주시기만 하면 됩니다.

(2)

A : 你好(nǐhǎo)。我(wǒ)想(xiǎng)退房(tuìfáng)。

안녕하세요. 체크아웃을 하려고 합니다.

B : 好(hǎo),房间(Fángjiān)是(shí)几(jǐ)号(hào)?

네, 방 번호가 몇 번이시죠?

A : 305(sānlíngwǔ)号(hào)。

305호실입니다.

B : 稍(shāo)等(děng)。服务员(fúwùyuán)去(qù)检查(jiǎnchá)一下(yíxià)房间(Fángjiān)。

잠시만 기다리십시요. 객실 안내원이 가서 방 체크를 좀 하겠습니다.

A : 嗯(èng)，好(hǎo)的(de)。

음, 알겠습니다.

B : 先生(xiānsheng)，房间(Fángjiān)里(lǐ)是不是(shìbúshì)有(yǒu)个(gè)茶杯(chábēi)不见了(bújiànle)？

손님, 방 안에 있던 찻잔이 한 개 보이지 않는데요?

A : 啊(a), 那(nà)是(shì)我(wǒ)不小心(bùxiǎoxīn)打碎了(dǎsuìle)。

아. 그거 제가 실수로 깨트렸습니다.

B : 没关系(méiguānxì), 会(huì)算(suàn)在(zài)房费(fángfèi)里面(lǐmiàn)。

괜찮습니다. 호텔비에 넣어서 계산이 됩니다.

A : 多少钱(duōshǎoqián)？

얼마죠?

B : 一个(yígè)茶杯(chábēi)是(shì)五十块(wǔshíkuài)钱(qián)。

찻잔 한 개가 50원입니다.

A : 明白了(míngbáile)。

알겠습니다.

B : 先生(xiānsheng)，一共(yígòng)六百五十(liùbǎiwǔshí)。还有
(háiyǒu)请(qǐng)把(bǎ)您(nín)的(de)房卡(fángkǎ)给(gěi)我(wǒ)。

손님, 총 650원입니다. 그리고 가지고 계신 방 키를 저에게 돌려주십시오.

A : 可以(kěyǐ)用(yòng)信用卡(xìnyòngkǎ)结账(jiézhàng)吗(ma)？

신용카드로 결제가 가능합니까?

B : 可以(kěyǐ)。

가능합니다.

A : 给(gěi)你(nǐ)。

(카드) 여기 있습니다.

7. 교통 이용

(1)

A : 这里(zhèli)是(shì)旅行社(Lǚxíngshè)，请问(qǐngwèn)有(yǒu)什
么(shénme)需要(xūyào)帮助(bāngzhù)吗(ma)？

네, 여행사입니다. 실례지만 무엇을 도와드릴까요?

B : 嗯(ēng)，我(wǒ)想(xiǎng)预订(yùdìng)去(qù)上海(Shànghǎi)的
(de)机票(jīpiào)。

음, 상해로 가는 비행기표를 예약하려고 합니다.

A : 请(qǐng)说(shuō)一下(yíxià)姓名(xìngmíng)。

성명을 말씀해주십시오.

B : 崔(cuī)鲜花(xiānhuā)。我(wǒ)想(xiǎng)7月(yuè)1号(hào)去(qù)。

최선화입니다. 제가 7월 1일에 가려고 합니다.

A : 我(Wǒ)帮(bāng)您(nín)查看(chákàn)一下(yíxià)机票(jīpiào)，请(qǐng)稍(shāo)等(děng)。

제가 비행기표를 좀 봐드릴게요, 잠시만 기다려 주십시요.

A : 有(yǒu)几张(jǐzhāng)7月(yuè)1号(hào)下午(xiàwǔ)一点(yìdiǎn)的(de)票(piào)。

7월 1일 오후 1시 표가 몇 장 있습니다.

B : 好(hǎo)的(de)。请(qǐng)帮(bāng)我(wǒ)预订(yùdìng)一张(yìzhāng)头等舱(tóuděngcāng)。

좋습니다. 일등석으로 한 장 예약해주시기 바랍니다.

A : 从(cóng)北京(Běijīng)到(dào)上海(Shànghǎi)头等舱(tóuděngcāng)是(shì)一千八百块(yīqiānbābǎikuài)。

베이징에서 상해로 가는 일등석 가격은 1,800원입니다.

B : 是(shì)直飞(zhífēi)吗(ma)？

직항이지요?

A : 是(shì)的(de)。

그렇습니다.

B : 知道了(zhīdàole)，谢谢(xièxie)。

알겠습니다. 감사합니다.

A : 请(qǐng)在(zài)飞机(fēijī)起飞(qǐfēi)一个(yígè)小时(xiǎoshí)前(qián)到达(dàodá)机场(Jīchǎng)。

비행기 이륙 1시간 전에 미리 공항에 도착하시기 바랍니다.

B : 好(hǎo)的(de)。我(wǒ)的(de)行李(xíngli)有点(yǒudiǎn)多(duō)，必须(bìxū)托运(tuōyùn)吗(ma)？

알겠습니다. 제 짐이 조금 많은데, 꼭 짐을 부쳐야만 합니까?

A : 托运(tuōyùn)的(de)话(huà)您(nín)会(huì)比较(bǐjiào)方便(fāngbiàn)。

짐을 부치신다면 좀 더 편리하실 겁니다.

B : 好(hǎo)的(de)，知道了(zhīdàole)。

네, 알겠습니다.

(2)

A : 先生(xiānsheng)，我(wǒ)想(xiǎng)去(qù)天安门(Tiān'ānmén)。应该(yīnggāi)在(zài)哪(nǎ)站(zhàn)下(xià)呢(ne)？

선생님, 제가 천안문을 가려고 하는데, 어느 역에서 내려야 합니까?

B : 天安门(Tiān'ānmén)啊(a)？你(nǐ)乘错(chéngcuò)车了(chēle)。

천안문요? 잘못 타셨습니다.

A: 是(shì)吗(ma)？

그래요?

B: 坐(zuò)这(zhè)车(chē)的(de)话(huà)不能(bùnéng)直接(zhíjiē)到(dào)那里(Nàlǐ)。

이 버스를 타시면 직접 그곳에 갈 수 없습니다.

A: 那(nà)，我(wǒ)该(gāi)怎么办(zěnmebàn)？

그럼, 제가 어떻게 해야합니까?

B: 到(dào)西直门(Xīzhímén)站(zhàn)换乘(huànchéng)415路(lù)吧(bā)。

시즈먼역에서 내리서서 415번 버스로 갈아타십시요.

A: 那么(nàme)，从(cóng)这里(zhèlì)还要(háiyào)坐(zuò)几(jǐ)站(zhàn)呢(ne)？

그럼, 여기에서 몇 정거장을 더 가야합니까?

B : 还要(háiyào)坐(zuò)4站(zhàn)。

4정거장을 더 갑니다.

A : 我(wǒ)不是(búshì)很(hěn)清楚(qīngchu)。到(dào)之前(zhīqián)您(nín)再(zài)告诉(gàosu)我(wǒ)一下(yíxià)，好(hǎo)吗(ma)？

제가 확실치가 않아서요. 도착 전에 저에게 다시 한번 말해주시면 안 될까요?

B : 好(hǎo)，别(bié)担心(dānxīn)。

네, 걱정마십시요.

A : 好(hǎo)的(de)，谢谢(xièxie)。

네, 감사합니다.

B : 先生(xiānsheng)，要(yào)去(qù)天安门(Tiān'ānmén)的(de)话(huà)，在(zài)这里(zhèli)下车(xiàchē)去(qù)换乘(huànchéng)415路(lù)。

선생님, 천안문 가시려고 하면, 여기에서 내리서서 415번으로 바꿔 타세요.

A : 好(hǎo)，我(wǒ)知道了(zhīdàole)。

네, 알겠습니다.

> 8. 우체국 이용

(1)

A : 您好(nínhǎo)，请问(qǐngwèn)要(yào)办(bàn)什么(shénme)？

안녕하세요, 무엇을 도와드릴까요?

B : 我(wǒ)想(xiǎng)把(bǎ)这个(zhège)包裹(bāoguǒ)寄(jì)去(qù)韩国(Hánguó)。

이 소포를 한국으로 부치려고 합니다.

A : 是(shì)打算(dǎsuan)寄(jì)空运(kōngyùn)呢(ne)，还是(háishì)打算(dǎsuan)寄(jì)水运(shuǐyùn)呢(ne)？

항공으로 부치시려고 합니까? 아니면 배편으로 부치시려고 합니까?

B：费用(fèiyòng)是(shì)怎么样(zěnmeyàng)呢(ne)？

비용은 얼마나 되나요?

A：寄(jì)空运(kōngyùn)的(de)话(huà)要(yào)花(huā)五百块(wǔbǎikuài)人民币(rénmínbì)左右(zuǒyòu)，寄(jì)水运(shuǐyùn)的(de)话(huà)要(yào)花(huā)三百块(sānbǎikuài)人民币(rénmínbì)左右(zuǒyòu)。

항공으로 부치시려고 하면 500위안 정도 되고요, 배편으로 부치시려고 하면 300위안 정도 듭니다.

B：时间(shíjiān)上(shàng)呢(ne)？

시간적으로는요?

A：寄(jì)空运(kōngyùn)的(de)话(huà)大概(dàgài)要(yào)花费(huāfèi)两周(liǎngzhōu)，寄(jì)水运(shuǐyùn)的(de)话(huà)大概(dàgài)要(yào)花费(huāfèi)一个(yígè)月(yuè)的(de)时间(shíjiān)。

항공으로 부치시면 대략 2주 정도 소요되고요, 배편으로 부치신다면 대략 한 달 정도의 시간이 걸립니다.

B：也(yě)不是(búshì)什么(shénme)急事(jíshì)，我(wǒ)就(jiù)寄(jì)水运(shuǐyùn)吧(bā)。

무슨 급한 일도 아닌데요, 배편으로 부치도록 하겠습니다.

A：请(qǐng)在(zài)这里(zhèli)写(xiě)上(shàng)收件人(shōujiànrén)的(de)地址(dìzhǐ)和(hé)姓名(xìngmíng)。

이곳에 수취인의 주소와 성명을 기입해주세요.

B：都(dōu)写好了(xiěhǎole)。

작성하였습니다.

A : 嗯(ēng)，好(hǎo)的(de)。请(qǐng)稍(shāo)等(děng)。总共(zǒnggòng)

三百五十(sānbǎiwǔshí)块(kuài)人民币(rénmínbì)。

음. 알겠습니다. 잠시만 기다려 주십시요. 총 350위안 입니다.

B : 好(hǎo)的(de)，给(gěi)你(nǐ)。

네, 여기 있습니다.

A : 请(qǐng)妥善保管(tuǒshànbǎoguǎn)好(hǎo)收据(shōujù)。再见

(zàijiàn)。

영수증을 잘 보관해주시기 바랍니다. 안녕히 가십시요.

B : 谢谢(xièxie)，再见(zàijiàn)。

감사합니다. 안녕히 계십시요.

(2)

A : 我(wǒ)要(yào)寄(jì)这(zhè)封(fēng)信(xìn)。

편지를 좀 부치려고 합니다.

B：打算(dǎsuan)寄到(jìdào)哪里(Nǎlǐ)呢(ne)？

어디로 부치실건가요?

A：寄到(jìdào)韩国(Hánguó)首尔(Shǒu'ěr)。

한국의 서울로 부치려고 합니다.

B：是(shì)重要(zhòngyào)的(de)信件(xìnjiàn)吗(ma)？

중요한 편지인가요?

A：不是(búshì)。

아닙니다.

B：那(nà)，就(jiù)寄(jì)平邮 (píngyóu)吧(bā)。

그럼, 보통우편으로 부치겠습니다.

A：好(hǎo)的(de)，应该(yīnggāi)怎么(zěnme)贴(tiē)邮票(yóupiào)呢(ne)？

네, 우표는 어떻게 부쳐야 하나요?

B：请贴(qǐngtiē)四张(sìzhāng)十块(shíkuài)的(de)邮票(yóupiào)。

10위안짜리 4장을 부쳐주십시요.

A：等一等(děngyīděng)，大概(dàgài)什么时候(shénmeshíhòu)到(dào)韩国(Hánguó)呢(ne)？

잠시만요, 대략 언제쯤 한국에 도착하나요?

B：花(huā)一个(yígè)星期(xīngqī)左右(zuǒyòu)。

일주일 정도 소요됩니다.

A：好像(hǎoxiàng)有点(yǒudiǎn)慢(màn)了(le)。没有(méiyǒu)更(gèng)快(kuài)的(de)邮寄(yóujì)方法(fāngfǎ)了(le)吗(ma)？

좀 느린 것 같습니다. 더 빠른 우편 방법은 없습니까?

B : 那么(nàme)请(qǐng)寄(jì)快递(kuàidì)吧(bā)。

그러시면 속달우편으로 부치시지요.

A : 好(hǎo)的(de)，就(jiù)那么(nàme)办(bàn)吧(bā)。

네. 그걸로 처리해주십시오.

B : 再(zài)确认(quèrèn)一遍(yíbiàn)。寄到(jìdào)韩国(Hánguó)首
尔(Shǒu'ěr)的(de)快递(kuàidì)，对(duì)吧(bā)？

다시 한번 확인하겠습니다. 한국의 서울로 속달우편으로 부치시는
거지요?

A : 嗯(ēng)，是(shì)的(de)。

네. 맞습니다.

9. 전화 받기

(1)

A : 喂(wèi)，请问(qǐngwèn)是(shì)李(lǐ)小(xiǎo)东(dōng)家(jiā)吧
(bā)？

안녕하세요. 말씀 좀 여쭙겠습니다, 이소동씨 집인가요?

B : 是(shì)的(de)，我(wǒ)就是(jiùshì)。

네. 제가 이소동입니다.

A : 你好(nǐhǎo)？我(wǒ)是(shì)金(jīn)英(yīng)哲(zhé)。

잘 있으셨어요? 저는 김영철입니다.

B : 啊(a)， 英(yīng)哲(zhé)，有(yǒu)什么事(shénmeshì)吗(ma)？

아, 영철씨, 무슨 일 있으세요?

A : 你(nǐ)知道(zhīdào)李(lǐ)部长(bùzhǎng)的(de)电话号码(diànhuàhàomǎ)吗(ma)？ 请(qǐng)告诉(gàosu)我(wǒ)一下(yíxià)。

이부장님 전화번호 아십니까? 좀 알려주시겠어요.

B : 好(hǎo)的(de)，稍(shāo)等(děng)。 我(wǒ)查(chá)一下(yíxià)。 请(qǐng)记录(jìlù)。

네, 잠깐만요. 제가 좀 찾아볼게요. 적으시기 바랍니다.

A : 嗯(ēng)，好(hǎo)的(de)。

네.

B : 李(lǐ)部长(bùzhǎng)的(de)电话号码(diànhuàhàomǎ)是(shì) 13817951248。

이부장님 전화번호는 13817951248.

A : 是(shì)13817951248，对(duì)吧(bā)！

13817951248, 맞지요!

B : 嗯(ēng)，是(shì)的(de)。

맞습니다.

A : 好(hǎo)的(de)。谢谢(xièxie)。挂了(guàle)。

알겠습니다. 감사합니다. 끊을게요.

B : 啊(a)，对(duì)了(le)，英(yīng)哲(zhé)，稍(shāo)等(děng)。别(bié) 忘
了(wàngle)明天(míngtiān)的(de)约会(yuēhuì)。

아 맞다! 영철씨 잠시만요. 내일 약속 잊지 마세요.

A : 嗯(ēng)，明天(míngtiān)我们(wǒmen)在(zài)哪(nǎ)见面(jiànmiàn)？

내일 우리 어디에서 만날까요?

B : 在(zài)五道口(wǔdàokǒu)宾馆(Bīnguǎn)正门(Zhèngmén)见(jiàn)
后(hòu)去(qù)咖啡馆(Kāfēiguǎn)吧(bā)。

우따오커우호텔 정문에서 만나서 커피점으로 가시죠.

A : 好(hǎo)的(de)，我(wǒ)知道了(zhīdàole)。那么(nàme)，明天
(míngtiān) 见(jiàn)。

좋습니다. 알겠습니다. 그럼 내일 뵙겠습니다.

B : 好(hǎo)的(de)。

네, 알겠습니다.

(2)

A : 喂(wèi)！请问(qǐngwèn)是(shì)李(lǐ)小(xiǎo)东(dōng)家(jiā)吧
(bā)？

여보세요, 실례지만 이소동씨 집인가요?

C : 不是(búshì)，你(nǐ)打错(dǎcuò)电话了(diànhuàle)。

아닙니다. 잘못 거셨습니다.

A: 对不起(duìbùqǐ)。再见(zàijiàn)。

죄송합니다. 안녕히 계세요.

A: 喂(wèi)！请问(qǐngwèn)李(lǐ)小(xiǎo)东(dōng)家(jiā)吧(bā)？

여보세요, 실례지만 이소동씨 집인가요?

B: 我(wǒ)就是(jiùshì)李(lǐ)小(xiǎo)东(dōng)。不好意思(bùhǎoyìsī)，请问(qǐngwèn)你(nǐ)是(shì)谁(shuí)？

제가 이소동입니다. 실례지만 누구시죠?

A: 小(xiǎo)东(dōng)，我(wǒ)是(shì)英(yīng)哲(zhé)。

소동씨, 저 영철입니다.

B: 啊(a)！原来(yuánlái)是(shì)英(yīng)哲(zhé)啊(a)！什么事(shénmeshì)呢(ne)。

아! 영철씨였군요! 무슨 일 있으세요?

A: 明天(míngtiān)有(yǒu)聚会(jùhuì)是(shì)吧(bā)？时间(shíjiān)是(shì)什么时候(shénmeshíhòu)？

내일 모임이 있잖아요? 시간이 언제지요?

B: 明天(míngtiān)下午(xiàwǔ)2点(diǎn)。

내일 오후 2시입니다.

A: 嗯(ēng)，知道了(zhīdàole)。谢谢(xièxie)。

알겠습니다. 감사합니다.

B: 不用谢(búyòngxiè)。

별말씀을요.

A: 小(xiǎo)东(dōng)，明天(míngtiān)你(nǐ)去(qù)吗(ma)？

소동씨 내일 (모임에) 가시나요?

B : 去(qù)是(shì)去(qù)，但是(dànshì)我(wǒ)要(yào)先(xiān)去(qù)医院(Yīyuàn)。

가기는 갑니다, 그런데 제가 먼저 병원을 가야 돼서요.

A : 这样(zhèyàng)，对(duì)了(le)。你(nǐ)和(hé)明浩(míng hào)在(zài)一起(yìqǐ)吧(bā)？

그래요, 맞다. 소동씨 명호씨와 같이 있지요?

B : 明浩(míng hào)刚刚(gānggāng)出去(chūqù)见(jiàn)谁(shuí)了(le)。怎么(zěnme)了(le)？

명호씨는 방금 누구를 만나러 나갔는데요. 왜그러시죠?

A : 他(tā)回来(huílái)的(de)话(huà)，请(qǐng)转告(zhuǎngào)他(tā)给(gěi)我(wǒ)打电话(dǎdiànhuà)吧(bā)。

명호씨 돌아오시게 되면 저에게 전화 좀 해달라고 전해주십시요.

B : 好(hǎo)的(de)。我(wǒ)会(huì)的(de)。明天(míngtiān)见(jiàn)。

알겠습니다. 그렇게 하겠습니다. 내일 봅시다.

A : 谢谢(xièxie)！明天(míngtiān)见(jiàn)。

감사합니다. 내일 봅시다.

Part 5

알아두면 힘이 되는
중국상식

중국의 정식 명칭

중화인민공화국(中华人民共和国), 한족이 중심
이 된 55개의 소수민족으로 구성된 다민족국가. 한
족이 전체 인구의 91.5% 차지.

◎ **설립시기** 1949년 10월 1일,

　　　　국기: 오성홍기(五星红旗)
◎ **국가** 의용군진행곡(义勇军进行曲)
◎ **수도** 북경(北京)
◎ **국가주석** 시진핑(习近平)

중국의 행정구역

◎ **22개성** 흑룡강성(黑龙江省), 길림성(吉林省), 요녕성(辽宁省), 산서성(山
西省), 강소성(江苏省), 절강성(浙江省), 안휘성(安徽省), 강서성(江西省),
산동성(山东省), 복건성(福建省), 하남성(河南省), 하북성(河北省), 호북성
(湖北省), 호남성(湖南省), 광동성(广东省), 해남성(海南省), 사천성(四川
省), 운남성(云南省), 귀주성(贵州省), 섬서성(陕西省), 감숙성(甘肃省), 청
해성(青海省)

◎ **4개 직할시** 북경시(北京市), 천진시(天津市), 상해시(上海市), 중경시(重庆市)

◎ **5개 자치주** 내몽고자치구(内蒙古自治区), 광서장족자치구(广西壮族自治区), 녕하회족자치구(宁夏回族自治区), 신장위구르자치구(新疆维尔自治区), 서장자치구(西藏自治区)

◎ **2개 특별행정자치구역** 홍콩특별행정구(香港特别行政区), 마카오특별행정구(澳门特别行政区)

중국의 자연환경

◎ **중국의 양대 강**

· 황하강(黄河) : 중화민족의 요람으로, 청해성(青海省)에서 발원하여 사천(四川), 감숙(甘肃), 녕하(宁夏), 네몽고(内蒙古), 산서(山西), 섬서(陕西), 산동(山东)을 거쳐 바다로 흘러든다. 길이는 5,464킬로미터이다.

· 양자강(扬子江) : 일명 장강(长江)이라고도 부른다. 중국에서 가장 긴 강이며, 세계에서는 아마존, 나일강에 이어 3번째 긴 강이다.

◎ 중국의 10대 명산

· 황산(黃山) : 안휘성(安徽省)에 위치하고
있으며 250평방킬로미터의 넓은 지역으로
이루어져 있다. 3대 주봉인 천도봉(天都
峰), 연화봉(莲花峰), 광명정(光明顶)과
72개의 봉우리가 유명하다. 특히 기송(奇
松), 괴석(怪石), 운해(云海), 온천(温
泉) 등은 황산의 4절(四绝)로 꼽힌다.

· 노산(庐山) : 강서성(江西省) 구강시(九
江市)에 위치하며, 험준하고 명승지가 많
아서 '기이함과 수려함이 천하의 으뜸'이
라는 찬사를 받고 있다. 노산은 운무로도
유명하며 1년 평균 190일이 안개가 낀다.
노산의 서북쪽에 동진 시대의 유명한 승려
혜원(慧远)이 세운 동림사(东林寺)가 있
다. 동림사는 중국 불교 정토정(净土宗)
의 발원지이다.

· 오대산(五台山) : 산서성의 오대현 동북쪽
에 위치하며, 중국 4대 불교 명산 중 한 곳
이다. 문수보살이 도량을 닦던 곳으로 알
려져 있으며 엽두봉(마斗峰)이 3,058미
터로 가장 높다.

· 아미산(峨眉山): 사천성 아미현의 서남쪽에 위치하며 보현보살이 도를 닦던 곳으로 알려져 있다. 산세가 구불구불하고 마치 매미의 이마, 나방의 눈썹처럼 가늘고 길며 아름답고 농염하여 붙여진 이름이다. 아미산

의 금정(金顶)에 사찰과 풍경이 집중되어 있다. 높이는 3,099미터에 달한다.

· 무당산(武当山): 무당산은 호북성의 단강구시(丹江口市) 경내에 위치한 중국 도교의 성지로 알려진 곳이다. 웅장함, 기이함, 험준함, 수려함, 그윽함, 오묘함, 넓음 등 갖가지 아름다운 자연경관의 특징들을 구비하고 있다.

◎ 오악(五岳)

· 태산(太山): 산동성의 제남(济南)과 태안(泰安) 지역에 걸쳐 있으며 주봉인 옥황정(玉皇顶)의 높이가 1,545m이다. 산이 웅장하고 장엄하며, 역대 제왕들의 봉선(封禅) 의식 장소라는 유구한 역사문화를 지니고 있어 5악 가운데 최고의 명산이라는 칭호를 들어왔다. 특히 동쪽에서 떠오르는 일출, 저물 무렵의 노을, 금빛 띠를 이루는 황하강, 옥쟁반과 같은 구름바다는 4대 기관(奇观)으로 유명하다.

· 화산(华山): 섬서성 서안에서 120킬로미터 떨어진 곳에 위치하며, 주봉인 낙안봉(乐安峰)은 2,200m이다. 화산은 산세가 험준하고 가파르며 기암괴석과 웅장함에서 '천하의 웅걸'이라는 찬사를 받았다. 화산에서 최고로 험준한 곳은 '화산의 목구멍'이라고 불리는 천척당이다. 천척당

은 높이가 30m에 이르며 암석을 뚫어 만든 260여 개의 계단이 놓여 있다. 철삭을 잡고 바위를 파서 만든 돌계단을 밟으며 오르는데, 마치 하늘을 걷는 느낌이 든다.

· 형산(衡山): 호남성(湖南省) 항양시(衡阳市)에서 시작하여 장사시(长沙市)의 옥녹산(岳麓山)까지 800여 리에 걸쳐 있으며 72개의 봉우리가 있다. 형산의 가장 유명한 풍경은 '안개구름'이다. 1년 사시사철 각기 다른 모습일 뿐만 아니라 하루 동

안에도, 심지어 순간에도 변화하며 다채롭고 기묘한 모습을 드러낸다.

· 항산(恒山): 산서성(山西省)에 넓게 자리잡고 있으며, 북방의 고원지대에 위치하여 지세가 험준하며 산세가 웅장한 이유로 '북방 제일의 산'이란 찬사를 받아왔다. 주봉인 천봉령(天峰岭)은 2,017m이며 18경으로 유명하다. 항산의 최고 경관은 아무

래도 널리 알려진 현공사(懸空寺)를 꼽을 수 있다. 현공사는 이름에 걸맞게 200여 미터에 달하는 수직의 절벽 위에 위치해 있다.

· 송산(嵩山): 하남성(河南省)의 등봉현(登封縣)에 동서로 60km에 걸쳐 자리잡고 있다. 송산은 고금에 걸쳐 교통의 요충지 역할을 했다. 우임금이 입구를 뚫고 물길을 터서 홍수를 다스렸다는 전설이 전해지는 곳이기도 하다. 송산 일대에는 유명한 사찰이 많은데 특히 등봉현의 소실산(少室山)의 오유봉(五乳峰) 아래에 위치한 소림사(少林寺)가 유명하다. 소림사는 북위 때에 창건되었고, 달마대사가 이곳에서 선종(禪宗)을 전파하여 후에 선종의 발상지가 되었다.

중국의 역대왕조의 수도

· 안양(安阳): 중국 역사상 최초의 왕조인
상(商 BC1766~?)의 도읍지였던 은허(殷
墟)는 현재까지 유적이 발굴된 중국 최초
의 도시로서 지금의 하남성 안양현이다.
1899년 갑골문의 발견으로 상왕조의 존재가 밝혀졌다.

· 서안(西安): 서안은 장안(长安)의 현재 지
명으로 중국 역사상 가장 많은 왕조가 수도로
삼은 곳이다. 지금의 서안은 역대로 서주(西
周)-진(秦)-한(汉)-수(隋)-당(唐)의 도읍지
였던 장안 일대를 모두 포함하는 지역이다.
서안 일대에 도성이 세워진 것은 한나라 때에 이르러서다.

· 낙양(洛阳): 낙양은 동주(东周)를 시작으로 동한(东汉)-위(魏)-북위(北
魏)-수(隋)-무주(武周)-후량(后梁)-후당(后唐) 등이 수도로 삼았다. 낙양은
황하강의 지류인 낙수의 북쪽에 위치하여 붙여진 이름이다. 낙양은 수당시기
에 제2의 도시로서 수도에 버금가는 번영을 누렸으나 당이 멸망한 후로 그 위
상을 잃게 되었다. 중국 최초의 불교사원인 백마사(白马寺)와 용문석굴(龙

门石窟)이 고도의 번영을 상징하고 있다.

· 개봉(开封): 황하강의 하류에 위치한 개봉은 현재 하남성에 속하며, 옛날엔 변량 (汴梁), 대량(大梁)등으로 불렸다. 송나라를 세운 조광윤(赵光润)은 수도를 개봉으로 정하였고 그 후로 상업도시로서 크게 번성하였다. 후에 금나라의 침입으로 수도를 항주(杭州)로 옮기게 되면서 북송과 남송으로 구분지어 부르게 되었다.

· 항주(杭州): 항주는 옛날엔 임안(临安), 전당(钱塘)이라고 불렸다. 전당강(钱塘 江) 하구에 위치하여 동쪽으로는 중국해와 이어져 있고, 서호를 통해서 장강과도 이어져 있다. 춘추시대 구천이 세운 월(越)나라의 수도였으며 남송을 포함하여 약 220여년 동안 수도로 삼았던 도시이다. 항주는  지상의 낙원으로 불릴만큼 천혜의 자연적 조건을 갖춘 도시로 남송시기 경제적 번영을 구가하였다.

· 남경(南京): 장강의 하류에 위치한 남경은 역사적으로 금릉(金陵), 혹은 건업(建邺)으로 불렸다. 삼국시기 오(吴)나라 손권이 도읍을 정한 이후로 남조시기의 송-제-양-

진과 5대 10국 시기의 남당(南唐) 및 명나라 초기에 잠시 수도가 되었던 도시이다. 청말 태평천국과 중화민국도 남경을 잠시 수도로 삼았었다.

· 북경(北京): 북경은 중화인민공화국의 수도로서 중국의 정치와 문화의 중심지이며 역대 주나라 초기 연(燕)-계(薊)-요(辽)-금(金)-원(元)-명(明)-청(清) 등 총 800여년간 수도가 되었던 곳이다. 현재 북경의 모습은 명나라 영락제가 왕위에 오르고 장안을 본따서 10년간의 준비와 3년간의 공사를 진행 한 후에 1421년 남경에서 북경으로 수도를 옮기면서 시작되었다. 황궁인 자금성(紫禁城), 천단(天坛), 지단(地坛), 원명원(圓明园), 이화원(頤和园)과 같은 대규모의 황실 별궁과 종묘, 사원 등을 지어 도시를 아름답게 장식하였다.

중국의 지역별 음식문화

· 사천(四川)요리: 사천성의 성도(成都)를 중심으로 형성된 음식문화이다. 사천은 분지 지역으로 여름에는 덥고 겨울에는 춥다. 지역적 특성과 기후의 특성에 따라 사천요리는 고추, 후추, 생강 등과 같은 자극적인 조미료를 사용하여 조리하기 때문에 음식이 매운 것으로 유명하다. 대표적인 요리로는 마파두부(麻婆豆腐), 담담면(担担面), 화과(火锅)등이 있다.

· 강소(江苏)요리: 소주(苏州), 양주(扬州), 남경(南京), 전강(镇江) 등 강소성 지역과 상하이의 요리를 총칭한다. 강소성은 바다와 인접해 있고 내륙에는 많은 호수들이 있어 '어미지향(鱼米之乡)'으로 불릴만큼 수

산물과 쌀이 풍부하다. 요리의 주재료는 수산물이며 느끼하지 않고 담백한 맛을 자랑한다. 또한 사계절이 뚜렷한 지역적 특색으로 다양한 식재료를 계절의 특색에 맞춰 조리하는 것이 특징이다. 대표적인 요리로는 양주볶음밥(炒饭), 금릉염수오리(金陵盐水鸭), 양주의 전통요리인 게살 완자 요리(清炖蟹粉狮子头), 삶은건사(干丝) 등이 있다.

· 광동(广东)요리: 광동지역은 동남 연해에 위치하여 기후가 온화하고 재료가 풍부하다. 사천요리와 더불어 중국요리의 양대산맥으로 홍콩, 광주, 조주 지방의 요리를 포함한다. 광동 요리는 곤충, 뱀, 원숭이 등 다리 달린 것 중 책상 빼고 다 재료로 사용한

다는 말로 대변된다. 조리법은 약간의 기름으로 센 불에서 빨리 조리하며, 재료의 맛을 살려서 신선하고 담백한 맛을 자랑한다. 대표적인 요리로 딤섬, 삭스핀, 팔보채, 제비집 수프 등이 있다.

· 산동(山东)요리: 산동요리는 노채(鲁菜)라고도 하는데 중국 북부지역의 대표적인 요리이다. 특히 명(明), 청(清)대에 이르러서는 주요 요리로 자리잡았다. 산동요리는 크게 해산물을 재료로 하는 연해안 지역의 교동(胶东)요리와 탕을 주로 하는 제남(济南)요리로 구성된다. 특징은 맛깔이 선명하고 화려하며, 담백하고 부드러운 색으로 중국인의 입맛을 사로잡고 있다. 대표적인 요리로는 청증가급어(清蒸加级鱼), 구전대장(九转大肠), 탕초황하이어(糖醋黄河鲤鱼), 청탕해삼호접(清汤海参蝴蝶), 구운 새우(煎虾), 대파전병(大葱煎饼) 등이 있다.

· 복건(福建)요리: 복건성 복주(福州)를 중심으로 형성된 요리이다. 복건성은 바다와 산을 접하고 있으며 기후가 온화하고 다습하다. 복건 요리는 절이거나 특이한 조미료를 많이 사용하는 것으로 유명하며, 특히 찹쌀이나 멥쌀로 누룩을 만들어 조미료화한 홍조(红糟)를 많이 쓴다. 요리의 재료로는 해산물, 닭고기, 돼지고기, 죽순, 버섯 등이 많이 사용되며 독특한 향과 비교적 달고 시큼한 맛을 내는 특징이 있다. 대표적인 요리로 스님이 담을 뛰어 넘다라는 뜻을 가진 불도장(佛跳墙), 닭을 고아 낸 쉐화지(雪花鸡), 한국에서 전가복으로 불리는 쵄소우푸(全寿福), 토속적인 닭요리인 샤오피엔짜오지(烧片糟鸡), 도미과의 생선을 굴즙을 이용해서 찐 쥐즈자지위(橘汁加吉鱼), 접시를 태극 모양으로 장식한 새우 요리 타이지밍샤(太极明虾) 등이 있다.

·· 북경(北京)요리: 북경을 중심으로 하는 북
방요리이다. 북경은 오랜 기간 동안 왕조
의 수요였기 때문에 궁중요리의 색채를 띠
며, 한족뿐만 아니라 흉노, 거란, 여진, 몽
고, 만주족이 번갈아 가며 통치한 곳이어서
소수 민족 음식문화의 색채도 뚜렷하다.

청나라 시기에는 많은 왕들이 산동요리사를 궁중요리사로 삼아서 산동요리
의 특징도 담겨져 있다. 대표적인 요리로는 북경오리구이(北京烤鸭), 양고기
샤브샤브(刷羊肉), 짜장면(炸酱面), 돼지고기튀김(锅包肉), 삭힌 오리알인
피단(皮蛋)등이 있다.

·· 호남(湖南)요리: 상강(湘江)과 동정호
(洞庭湖), 상서(湘西)지역 등의 요리를
총칭하는 지역음식문화이다. 후남지역은
기후가 온화하고 강수량이 많고 습도가 높
아 농산물이 풍부하다. 서부지역은 죽순이
나 버섯, 산나물이 유명하고, 동남지역은

농업, 목축업이 발달했으며, 북부지역은 동정호를 끼고 민물고기가 풍부하다.
호남지역은 기후 관계로 음식이 쉽게 부패할 수 있어 소금에 절여 말린 음식
이 많다. 사천지역 사람들과 비슷하게 매운 음식을 즐긴다. 계절적으로 여름
에는 덥기 때문에 싱겁고 연한 음식, 겨울에는 뜨겁고 매운 요리가 주를 이룬
다. 대표적인 요리로는 지느러미 요리인 홍위어지(红煨鱼翅), 수당상연(水
糖湘莲) 등이 있다.

·안휘(安徽)요리: 안휘성의 완남(皖南), 연강(沿江), 연회(沿淮) 지역의 요리로 구성된다. 명나라 때부터 경제 중심이 남경, 상해, 항주, 소주, 양주 등 안휘 인근 도시로 옮겨가면서 안휘출신들도 이들 도시로 유입되었다. 이런 이유로 안휘지역의

음식문화도 널리 알려지게 되었다. 안휘성 요리는 산나물과 산짐승을 주재료로 사용한다. 일찍부터 완남 지역의 특산물인 자라로 요리를 만들어 이름을 날렸다. 연강의 민물고기로 만든 요리도 일품에 꼽힌다. 특히 냄비와 목탄을 사용하여 약한 불에 오랫동안 삶는 요리법도 널리 알려져 있다. 대표적인 요리로는 호로압자(葫芦鸭子), 부리집소계(符離集燒鷄) 등이 있다.

중국의 10대 명차

- 운남(云南) 보이차(普洱茶)   - 안계(安溪) 철관음(铁观音)

- 백호(白毫) 은침차(银针茶)

- 서호(西湖) 용정차(龙井茶)

- 강소(江苏) 벽라춘(碧螺春)

- 동정(冻顶) 우롱차(乌龙茶)

- 황산(黄山) 모봉차(毛峰茶)

- 기문(祁门) 홍차(红茶)

- 군산(君山) 은침차(银针茶) -사천(四川) 몽정차(蒙顶茶)

중국의 10대 명주

· 모태주(茅台酒): 중국어로 '마오타이'라고
부르는 귀주성의 특산 바이주이며 중국 최
고의 명주로 알려져 있다. 세계 10대 사치
품 목록에 들어갈 정도로 비싸고 유명한 술
로 중국이 자랑하는 세계적인 명주이다. 미

중 수교와 한중 수교 시에 기념주로 사용될 정도로 국가적인 행사에 쓰이는 대
표적인 명주이다. 역시 수수를 주 원료로 한 증류주이다.

· 오량액(五粮液): 사천성(四川省) 이빈시(宜宾市)에
서 생산되며, 중국어로 우량예라고 한다. 수수, 쌀, 찹
쌀, 옥수수 등 5가지 곡물을 재료로 만든 바이주이다.
원래는 여러 종류의 곡식을 재료로 섞어서 만든다고

해서 잡량주라고도 불렸는데, 지금부터 대략 500년 전쯤부터 재료가 5가지 곡식으로 고정되었고 명칭도 오량액으로 불려졌다.

· 노주노교(泸州老窖) : 사천성(四川省) 루저우시(泸州市)에서 생산되는 바이주(白酒). 노주노교는 물맛이 좋다고 하는 용천정에서 나는 물과 타강수로 술을 빚어 그 맛과 향이 짙고 그윽하며, 입에 향이 오래 남아 있다고 한다. 뿐만 아니라 맑고 깨끗하고 달고 상쾌한 뒷맛이 오래가서 농향정종(浓香正宗)이라고도 불린다.

· 양하대곡(洋河大曲) : 강소성(江苏省) 양허진(洋河镇)에서 생산되는 바이주이다. 수당시기부터 생산되어 명청시기에 융성기를 맞이한 1,300여년의 역사를 지닌 술이다. 청대에는 황실에 바치는 술로 쓰였다. 특히 양하대곡만의 '달콤하고, 부드럽고, 연하고, 깨끗하고, 향기로운' 특징을 모아서 양하남색경전(洋河蓝色经典) 시리즈인 '海之蓝', '天之蓝', '梦之蓝'이 탄생했다. 독특한 남색의 우아한 병 모양에 한 번 반하고, 그 맛에 두 번 반한다고 한다.

· 분주(汾酒) : 산시성(山西省) 펀양현(汾阳县)에서 생산되는 수수로 빚은 바이주(白酒). 술의 색깔이 맑고 투명하며, 향이 매우 좋고 오래간다. 색과 향, 맛이 모두 뛰어나다. 주원료는 수수이고 밀과 완두를 이용한 누룩으로 발효시켜 만든다.

· 동주(董酒) : 귀주성에서 생산되는 바이주이며,
1920년대에 완성되었다. 문화대혁명 당시에 생산
이 끊겼다가 1957년 복원이 시작되어 생산량이 크
게 증가하였다. 1983년 동주의 양조 방법은 중국
정부에 의해서 과학기술보호법이 정한 기밀로 지
정되어 상품명 앞에 '국밀(国密)' 이라는 표시가
붙어 있다. 수수를 주원료로 하고 쌀에 95가지 약
초를 넣어서 만든 누룩과 밀에 40가지 약재를 넣어서 만든 누룩을 함께 발효
제로 사용한다. 색이 맑고 투명하며 상쾌한 향을 가진다. 단맛이 나면서도 담
백한 맛이 나고 상쾌한 양초 향기가 돌며 마신 후에는 약간의 신맛이 남아 깔
끔한 뒷맛을 유도한다.

· 고정궁주(古井贡酒) : 안휘성 박주에 있는 우물물
로 빚은 술이라고 한다. 이 우물은 천년 우물이라
고 하며 물맛이 뛰어나고 맑고, 달고, 차고, 감칠맛
이 있어 고정궁주도 마치 난초향과 비슷하고 뒷맛
이 그윽하고 오래가서 '술중의 모란' 이라는 칭송을
받는다. 수수, 보리, 밀, 찹쌀, 옥수수를 재료로 만든
곡주이다.

· 검남춘(剣南春) : 사천성(四川省) 에서 생산되
는 바이주로서 청나라 때 이 지역이 검남도(剣南
道) 에 속했기 때문에 붙여진 이름이다.

· 서봉주(西凤酒) : 섬서성(陝西省) 펑상현(凤翔县)
  에서 생산되는 전통 바이주로 수수가 주원료이다.
  특히 싸리나무로 만든 술통에 보관하여 숙성시킨
  다. 서봉주는 술의 향기가 뛰어나고 술의 색은 맑
  고 투명하며 맛이 부드러워 당나라 고종이 감탄했
  다는 고사가 전해지기도 한다.

· 전흥대곡(全兴大曲) : 사천성 성도에서 생산되는
  곡주형 바이주이다. 술이 맑고 투명하며, 연하고
  달콤한 맛이 나며 뒷끝이 상쾌한 맛으로 유명하다.

중국의 대표적 세계문화유산

중국은 1985년에 세계문화 및 자연유산 보호협약에 가입을 시작으로 1986년에
유네스코에 세계문화유산을 신청하기 시작하였다. 중국은 2018년 현재 유네스
코에 문화유산 36곳, 자연유산 13개, 복합유산 4개 등 총 53개를 등록하여 이탈
리아의 54개의 뒤를 있고 있다.

◆문화유산

· 만리장성(万里长城)

◀ 막고굴(莫高窟)

▶ 명청고궁(明淸故宮): 북경고궁(北京故宮), 심양고궁(沈阳故宮)

◀ 진시황릉 및 병마용(秦始皇陵及兵马俑): 섬서성(陕西省)

▶ 북경北京: 주고점북경인유지(周口店北京人遗址)

◀ 티벳(西藏): 포탈라궁(拉萨布达拉宮)

▶ 승덕(承德): 피서산장(避暑山庄)

◀ 곡부(曲阜) : 공묘(孔庙), 공림(孔林), 공부(孔府)

▶ 호북(湖北) : 무당산(武当山) 고건축물

◀ 강서(江西) : 노산국가지질공원(庐山国家地质公园)

▶ 운남(云南) : 려강고성(丽江古城)

◀ 산서(山西) : 평요고성(平遥古城)

▶ 강소(江苏) : 소주고전원림(苏州古典园林)

◀ 북경(北京): 천단(天坛)

▶ 북경(北京): 이화원(颐和园)

◀ 중경(重庆): 대족석각(大足石刻)

▶ 하남(河南): 용문석굴(龙门石窟)

◀ 명대황릉明代皇陵: 명현릉(明显陵-湖北), 청동릉(清东陵-河北), 청서릉
   (清西陵-河北), 명효릉(明孝陵-江苏), 명십삼릉(明十三陵-北京), 성경삼
   릉(盛京三陵-辽宁)

▶ 사천(四川): 청성산(青城山) 두강언(都江堰)

◀ 안휘(安徽) : 완남고촌락(皖南古村落)

▶ 산서(山西) : 운강석굴(云冈石窟)

◀ 하남(河南) : 안양은허(安阳殷墟)

▶ 광동(广东) : 개평조루여촌락(开平碉楼与村落)

◀ 복건(福建) : 복건토루(福建土楼)

▶ 산서(山西) : 오대산(五台山)

· 하남(河南): 등봉(登封) '천지지중' 역사 고적 '天地之中'历史古迹

◀ 절강(浙江): 항주서호문화경관(杭州西湖文化景观)

▶ 내몽고(内蒙古): 원상도유지(元上都遗址)

◀ 운남(云南): 홍하합니제전문화경관(红河哈尼梯田文化景观)

▶ 대운하(大运河): 북경(北京), 천진(天津), 하북(河北), 산동(山东), 하남
(河南), 안휘(安徽), 강소(江苏), 절강(浙江)

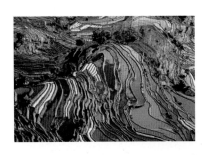 

◀ 비단길(丝绸之路) : 하남(河南), 섬서(陕西), 감숙(甘肃), 신강(新疆)

▶ 토사유지(土司遗址) : 호남(湖南), 호북(湖北), 귀주(贵州)

◀ 광서(广西) : 좌강화산암화문화경관(左江花山岩画文化景观)

▶ 복건(福建) : 고랑서(鼓浪屿)

· 길림(吉林) : 고구려왕성(高句丽王城), 왕릉(王陵) 및 귀족묘실(贵族墓葬)

◈ 복합유산

· 산동(山东) : 태산(泰山)

· 안휘(安徽) : 황산(黄山)

· 사천(四川) : 아미산(峨眉山)-낙산대불(乐山大佛)

· 복건(福建) : 무이산(武夷山)

◈ **자연유산**

▶ 사천(四川): 황용풍경명승구(黄龙风景名胜区)

▶ 사천(四川): 구채구풍경명승구(九寨沟风景名胜区)

▶ 호남(湖南): 무릉원풍경명승구(武陵源风景名胜区)

▶ 운남(云南): 운남삼강병유보호구(云南三江并流保护区)

▶ 사천(四川): 사천대웅묘서식지(四川大熊猫栖息地)

▶ 중국남방객사특(中国南方喀斯特): 운남(云南), 귀주(贵州), 중경(重庆), 광서(广西)

· 강서(江西) : 삼청산세계지질공원(三清山世界地质公园)

◀ 중국단하(中国丹霞) : 귀주(贵州), 복건(福建), 호남(湖南), 광동(广东),
　강서(江西), 절강(浙江)

▶ 운남(云南) : 등강화석유지(澄江化石遗址)

 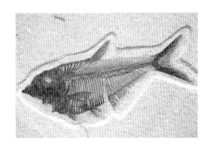

◀ 신강(新疆) : 신강천산(新疆天山)

▶ 호북(湖北) : 호북신농가(湖北神农架)

◀ 청해(青海) : 청해가가서리(青海可可西里)

▶ 귀주(贵州) : 범정산(梵净山)

중국사람들이 평생 반드시 가보고 싶은 5대 도시(2017년 기준)

· 西安(Xīān): 서안은 중국 13개 왕조의 수도가 되었던 곳으로 중국의 오랜 역사가 살아 있는 도시이며, 진시황릉과 병마용, 대안탑 등 많은 역사문화 유적지가 남아있다. 특히 당나라 시기 장안(长安)은 세계의 중심이 되었던 곳이어서 중국인들이 당시의 최고 번영기를 느껴보고 싶은 마음도 작용했을 것이다.

· 杭州(Hángzhōu): 항주는 예부터 인간 세상의 '천당'이라 불릴 정도로 아름다운 도시이다. 서호를 둘러싼 자연 환경은 누구나 한번쯤 걸어보고 싶은 마음이 드는 곳이다. 아울러 유명 관광지 가운데 입장료가 무료인 곳 중 한 곳이다.

· 桂林(Guìlín): 계림은 세계적으로도 이름난 여행 도시이다. 계림의 자연이 천하제일인 것은 모든 중국사람들이 알고 있는 사실이다. 리장의 수려한 풍광과 맑고 깨끗한 공기, 무수히 많은 아름다운 자연경관들은 중국 전역의 많은 여행객들의 발길이 끊이지 않도록 한다.

· 三亚(Sānyà): 중국의 최남단 섬인 해남도에 위치한 해변 휴양도시이다. 특히 중국 내륙인들에게 있어서 넓은 바다는 누구나 한번쯤 마주하고 싶은 마음을 들게 한다. 깨끗한 모래해변과 푸른바다 그리고 따뜻한 날씨와 곳곳의 멋진

경관은 중국사람들의 마음을 사로잡기에 충분하다.

· 北京(Běijīng) : 북경은 중화인민공화국의 수도로서 중국인들의 마음 속으로 가지고 있는 가장 가고 싶은 도시이다. 중국인들은 어려서부터 '나는 천안문을 사랑한다' 라는 말을 암송하고 자랐다. 따라서 중국인들은 어려서부터 줄곧 천안문과 고궁(故宫), 장성(长城)을 동경하였기에 북경을 꼭 가고 싶은 도시로 선정하였다.

2018년도 중국 최고 아름다운 도시 TOP 10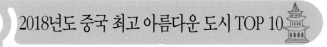

1. 杭州(Hángzhōu): 상주인구 946만 8천명, 1인당 평균 가처분소득 49,832원, 첨단기술기업수 2,844개업체.

2. 青岛(qīngdǎo): 상주인구 929만5백명, 국가연해중심도시, 해양휴양도시, '동방의 스위스' 라고 불림.

3. 深圳(Shēnzhèn): 젊은의 도시라는 칭호가 붙은 도시로 중국 4개의 1급 도시 중 하나, 중국 3대 금융도시 중 하나, 중국 개혁개방 최초의 경제특구도시, 상주인구 1,253만명, 유동인구 2,000만명, 중국 도시중 GDP가 가장 높은 도시.

4. 拉萨(Lāsà): 중국의 서장(西藏)자치구의 수도이며 높은 산과 소수민족 고유문화를 지닌 것으로 이름만 국제적인 여행도시이다. 티벳의 정치, 경제, 문화와 교육의 중심지며 티벳불교의 성지이다. 히말라야산맥의 북쪽 해발 3,650미터에 위치.

5. 烟台(Yāntái): 연태는 산동성에 속한 시이며 발해지역의 중요한 항구도시이다. 상주인구는 700만명이 조금 넘는다. 중국이 처음으로 개방한 14개 도시 가운데 한 곳이며, 아시아에서 유일하게 포도와 포도주 산업단지로 유명한 도시이다.

6. 哈尔滨(Hā'ěrbīn): 얼음의 도시라고 부르기도 하며 흑룡강성의 성정부소재지 이다. 중국 동북 3성의 교통, 정치, 경제, 문화, 금융의 중심축이 되는 도시이 며, 상주 인구 수도 1,000만이 넘어 전국 3위에 달한다. 동북아의 중심도시로 서 유럽과 아시아를 잇는 명주로 평가되는 도시이다.

7. 信阳(Xìnyáng): 하남성에 위치한 지방급 도시로 교통의 요충지이며 남북의 지 리, 기후, 문화의 경계도시이다. 하남성의 가장 남쪽에 위치하며 호남성 무한 의 경제권에 속하기도 한다. 인구는 880만에 달하며 산수가 수려하고 깨끗한 곳으로 유명하며 특히 옛 초나라 문화와 중원문화가 교류하는 곳으로 신양만 의 독특한 도시문화를 형성하고 있다. 산수와 차의 도시로 유명하다.

8. 长春(Chángchūn): '봄의 도시'라는 별명은 가지고 있는 인구 750만명이 조금 넘는 길림성의 성정부 소재지가 있는 도시이다. 동북아경제권 중심도시이고 국무원이 선정한 중국 동북지역중심도시 중 하나이다. 또한 오래된 역사문화 가 숨쉬는 도시이며 중국의 중요한 중공업기지, 교통물류 중심 도시이다.

9. 徐州(Xúzhōu): 한나라 시기의 역사문화를 자랑하는 강소성에 속한 도시이다. 화동지역의 중요한 도시이며 강소성의 경제, 상업, 대외무역의 중심도시이다. 요(尧)임금시기에 설립된 도시로서 강소성에서 가장 오래된 도시이다. 제왕의 도시로서 역대 9개 왕조의 임금이 이곳 출신이다.

10. 珠海(Zhūhǎi): 광동성에 속한 도시로서 주강삼각주 중심 도시 중 하나이며, 동남연해지역의 중요한 경관 및 여행도시이다. 해안선이 가장 긴 도시이며 "섬들의 도시"라는 별칭을 갖고 있다. 2018년에는 인구유입 정책의 일환으 로 1자녀 제안 정책을 취소하였다.

2017년 중국 성(省)별 1인당 GDP 순위

1. 北京(Běijīng): 상주인구 2,170만7천명, 생산총액 2조8천억위안, 1인당 GDP 129,000위안.

2. 上海(Shànghǎi): 상주인구 2,418만3천명, 생산 총액 3조133억8천위안, 1인당 GDP 124,600위안.

3. 天津(Tiānjīn): 상주인구 1,556만8천7백명, 생산총액1조 8,595만3,800위안, 1인당 GDP 119,400위안.

4. 江苏(Jiāngsū): 상주인구 8,029만3천명, 생산총액 8조5천9만9천만위안, 1인당 GDP 107,189위안.

5. 浙江(Zhèjiāng): 상주인구 5,657만명, 생산총액 5조1,768억위안, 1인당 GDP 92,057위안.

6. 福建(Fújiàn): 상주인구 3,911만명, 생산총액 3조2,298억2,800만위안, 1인당 GDP 82,976위안.

7. 广东(Guǎngdōng): 상주인구 1억1,169만명, 생산총액 8조9,879억2,300만위안, 1인당 GDP 81,089위안.

8. 山东(Shāndōng): 상주인구 1억5만8,300명, 생산총액 7조2,678억2,000만위안, 1인당 GDP 72,851위안.

9. 重庆(Chóngqìng): 상주인구 3,075만1,600명, 생산총액 1조9천5백억2,700만위안, 1인당 GDP 63,689위안.

10. 内蒙古(Nèiměnggǔ): 상주인구 2,528만6,000명, 생산총액 1조6천103억2,000만위안, 1인당 GDP 63,786위안.

2018년도 중국 TOP 20대 기업

1. 中国石油化工股份有限公司

2. 中国石油天然气股份有限公司

3. 中国建设股份有限公司

4. 中国平安保险集团股份有限公司

5. 上海汽车集团股份有限公司

6. 中国移动有限公司

7. 中国工商银行股份有限公司

8. 中国中铁股份有限公司

9. 中国铁建股份有限公司

10. 中国人寿保险股份有限公司

11. 中国建设银行股份有限公司

12. 中国农业银行股份有限公司

13. 中国人民保险集团股份有限公司

14. 中国银行股份有限公司

15. 中国交通建设股份有限公司

16. 中国中信股份有限公司

17. 中国电信股份有限公司

18. 京东商城电子商务有限公司

19. 中国太平洋保险集团股份有限公司

20. 联想控股股份有限公司

Part 5

2018년도 중국대학 종합평가 순위

1. 北京大学(BěijīngDàxué) （北京）
2. 清华大学(QīnghuáDàxué) （北京）
3. 浙江大学(Zhèjiāngdàxué) （浙江省）
4. 复旦大学(Fùdàndàxué) （上海）
5. 中国人民大学(Zhōngguórénmíndàxué) （北京）
6. 上海交通大学(ShànghǎiJiāotōngdàxué) （上海）
7. 武汉大学(Wǔhàndàxué) （湖北）
8. 南京大学(Nánjīngdàxué) （江苏）
9. 中山大学(Zhōngshāndàxué) （广东）
10. 吉林大学(Jílíndàxué) （吉林）

중국의 10대 면요리

1. 吉林(Jílín)冷面(lěngmiàn): 한국사람에게도 잘 알려져 있는 연길 냉면은 한국의 냉면과 고명의 차이가 있다. 연길 냉면에는 고수와 토마토, 김치가 고명으로 얹어져 나오는데 시원하면서도 달달한 맛을 내는 것이 특징이다.

2. 四川(Sichuān)担担面(dàndànmiàn): 한국에도 꽤 많이 알려진 사천지방의 향토 음식이다. 매콤한 고추기름에 다진 고기가 들어가며, 돼지 뼈와 닭고기를 우려낸 육수에 으깬 땅콩과 참깨소스, 청경채, 볶은 돼지고기 등이 들어간다.

3. 镇江(Zhènjiāng)锅盖面(guōgàimiàn): 과개면은 '솥 뚜껑면' 이라는 뜻으로 진강 지역의 전통 음식으로 강남의 천하제일면으로 불린다. 독특한 재료와 조리방법을 자랑하며 무형문화유산으로 지정되었다.

4. 昆山(Kūnshān)奥灶面(àozàomiàn): 여러 종류 가운데 기름 생선면과 오리고기면이 유명한데, 기름 생선면은 면발이 가늘고, 국물은 간장 색을 띠는 특징이며, 오리고기 오자면은 국물이 담백하고 면발이 쫄깃한 특징이 있다. 소주의 곤산 지역의 오래된 면 요리다.

5. 杭州(Hángzhōu)片儿川(piànerchuān): 항주 편얼면은 고기로 육수를 내고 그 위에 쑥갓과 죽순, 돼지고기 살코기를 얹어 먹는 여름 보양식이다. 보기와는 다르게 상큼하고 깔끔한 맛을 자랑한다.

6. 兰州(Lánzhōu)拉面(lāmiàn): 란주라면은 길게 잡아 늘린 국수와 진한 고기 육수가 포인트이며, 한번 맛보면 잊을 수 없을 정도라고 한다. 고기 육수가 진한 맛이 면발에 배어 깊은 맛을 낸다. 청나라 건륭 황제시기에 유명 주방장이 대중 음식으로 개발한 것으로 알려져 있다.

7. 河南(Hénán)烩面(huìmiàn): 중국 하남성의 전통 먹거리로 유명한 하남회면은 고기 국물에 야채를 얹어 먹는 전통 국수이다. 소고기와 양고기로 깊이 우린 육수와 두툼한 면발이 특징이다.

8. 山西(Shānxī)刀削面(dāoxiāomiàn): 밀가루 반죽을 한 손으로 들고 칼로 깎듯이 면을 떼어내서 만든 면 요리이다. 토마토소스를 기본으로 한 육수와 고기와 채소 등의 고명을 얹어 독특한 식감을 자랑한다.

9. 北京(Běijīng)炸酱面(zhájiàngmiàn): 북경의 자장면은 한국의 자장면과 다르게 단맛이 훨씬 덜하고 대신 짠맛이 강한 특징이 있다. 또한 계란장을 양념으로 하며 고명으로 오이, 콩, 무, 파가 별도의 접시에 나오기 때문에 각자의 입맛에 따라 비벼 먹는다.

10. 武汉(Wǔhàn)热干面(règānmiàn): 한국의 짜장 라면, 일본의 야키소바 같은 중국식 비빔면으로 무한지역에서는 대부분 아침 식사를 이것으로 먹는다. 보통의 국수보다 조금 더 두툼한 면에 깨로 만든 양념장을 넣고 각종 야채를 고명으로 올려 비벼먹는 국수 요리이다.

1. 青岛啤酒(qīngdǎopíjiǔ): 산동성 청도에서 1903년에 설립. 독일 기술로 만든 100년 역사의 중국맥주. 중국 정부지분 40%, 일본조일맥주 39%, 국내일반인 11.11%으로 지분이 구성되어 있다.

2. 哈尔滨啤酒(Hā'ěrbīnpíjiǔ): 흑룡강성 하얼빈에서 1900년에 설립. 중국 최초의 맥주로 당시 만주 철도를 건설하던 러시아인 노동자들에게 공급하기 위한 목적으로 생산된 것이 시작이다.

3. 雪花啤酒(xuěhuāpíjiǔ): 1994년 설립, 북경에 본사가 있으며 중국 맥주 시장 점유율 19%. 중국 동북부와 서부 사천성 일대를 장악하고 있는 맥주이다. 순하고 깨끗한 맛이 특징이다. 청도 맥주에 비해 인지도가 낮지만 내수 시장에서 연간 판매량 1위이다.

4. 燕京啤酒(yānjīngpíjiǔ): 1980년 북경에 설립. 중국 전역에서 쉽게 만날 수 있는 대표적인 중국 맥주이다. 도수가 4.5%로 청도 맥주와 비슷하지만 좀 더 부드럽다.

5. 金威啤酒(jīnwēipíjiǔ): 2004년 광동성 정부와 홍콩기업이 합자하여 만든 회사로 심천에 위치하고 있다. 중국 국내 20여 개 성과 홍콩, 마카오 등지에서 판매되고 있으며 홍콩에서는 국내산 맥주 가운데 1위를 차지하고 있다.

6. 崂山啤酒(láoshānpíjiǔ): 산동성 청도에서 생산되는 맥주로 1982년부터 생산.

7. 雪津啤酒(xuějīnpíjiǔ): 1986년 복건성에 세워진 회사로, 최근 5년간 국내 판매량이 빠른 속도로 증가하고 있다.

8. 珠江啤酒(zhūjiāngpíjiǔ): 1985년 설립된 회사로 광주에 본부를 두고 있다. 광주 공자의 생산량은 단일 공장 가운데 세계 최대를 자랑한다.

중국 최대의 10대 호수

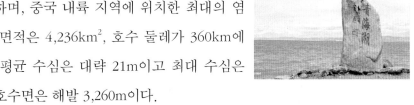

1. 青海湖(Qīnghǎihú): 중국의 青海省(qīnghǎishěng)에 위치하며, 중국 내륙 지역에 위치한 최대의 염호이다. 면적은 4,236km², 호수 둘레가 360km에 달한다. 평균 수심은 대략 21m이고 최대 수심은 32.8m, 호수면은 해발 3,260m이다.

2. 鄱阳湖(Póyánghú): 강서성에 위치한 중국 최대의 담수호이다. 남북의 길이가 173km, 동서의 넓이가 74km이며 평균 넓이는 16.9km에 달한다. 호수의 면적은 3,283제곱킬로미터, 둘레길이만 1,200km에 달한다.

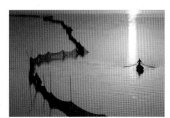

3. 洞庭湖(Dòngtínghú): 호남성에 위치하며, 청해
   호, 번양호에 이어 중국에서 3번째로 큰 호수이
   다. 담수호로서는 2번째 크기를 자랑하며 면적이
   3,968km²에 달한다.

4. 太湖(Tàihú): 중국에서 3번째로 큰 담수호이며, 호
   수의 면적은 2,000km²에 달하며, 48개의 크고 작
   은 섬들과 72개의 봉우리를 구성하고 있다. 호수의
   수위는 3미터, 평균 수심은 1.9m에 달한다.

5. 洪泽湖(Hóngzéhú):원래는 작은 호수들로 이루
   어져 있어 부릉호라고 불렀으며, 수당시기에 이
   르러 홍택호로 불려지게 되었다. 수면의 면적은
   1,597km², 평균 수심이 1.9m, 최대 수심은 4,5m
   에 달한다. 호수의 길이가 65km, 평균 넓이는
   24.4km에 달한다.

6. 呼伦湖(Hūlúnhú): 내몽고에 위치하며, 중국에서 4
   번째로 큰 담수호이다. 호수의 면적은 2,339km²에
   달하며 贝尔湖(bèiěrhú)와는 자매호수로 불리운다.
   호수이 길이는 93km이고, 최대 넓이는 41km, 평
   균 넓이가 32km, 호수 둘레는 447km. 평균 수심
   은 5.7m, 최대 수심은 8m 정도이다.

7. 纳木措湖(nàmùcuòhú): 티벳 중부에 위치하며 호수
   의 형태가 직사각형으로 동서의 길이가 70km, 남
   북의 넓이가 30km, 면적은 1,920km², 평균 수심
   은 33m에 달한다. 호수의 위치는 해발 4,718m로
   세계에서 가장 높은 곳에 위치한 호수이다.

8. 色林错湖(sèlíncuòhú): 티벳에 위치하며 중국에서 2번째로 큰 염호이다 호수면은 해발 4,530m, 호수 동서 길이가 72km, 평균 넓이는 22.8km이다. 이 가운데 동쪽의 가장 넓은 부분은 40km에 달하며, 호수면적은 2,391km^{2}이다.

9. 博斯腾湖(Bósīténghú): 新藏(Xīnzàng)에 위치한 중국 최대의 담수호이며, 예부터 西海(xīhǎi)라고 불렸으며, 당대(唐代)에는 鱼海(yúhǎi)라고 불렸고, 청대 중기에 이르러 박사등호라고 불려지게 되었다. 영문으로는 보스텅호로 불리운다. 호수면은 해발 1,048m에 달하고, 동서로 55km, 남북으로 25km로 삼각형의 모습을 띄고 있고, 호수의 면적은 988km^{2}에 달한다.

10. 南四湖(nánsìhú): 昭阳(zhāoyáng), 独山(Dúshān), 南阳(Nányáng), 微山(Wēishān)등 4개 호수의 총칭으로 강소성과 산동성이 교차하는 지역에 위치한다. 중국의 6대 담수호 중 하나이며 남북의 길이가 120km, 동서의 넓이가 5.2km에 달한다.

중국의 TOP 10 사막

1. 塔克拉玛干沙漠(TăkèlāmăgānShāmò): 新疆(Xīnjiāng)의 남쪽 塔里木(Tălǐmù)분지 중심에 위치한 중국 최대의 사막이다. 동서의 길이가 1,000km, 남북의 넓이가 400km, 면적이 33만7,600km²에 달한다.

2. 浑善达克沙漠(húnshàndákèShāmò): 内蒙古(nèiměnggǔ) 중부에 위치하며, 동서의 길이가 450km, 면적은 5만2,000km²에 달한다.

3. 科尔沁沙漠(Kē'ěrqìnShāmò): 内蒙古(nèiměnggǔ) 동부 辽河(Liáohé)강 중하류의 赤峰(Chìfēng)시와 通河(tōnghé)시 부근에서 시작하여 大兴安岭(dàxīng'ānlǐng)과 기북산 지역에 달하는 삼각형 모양으로 이루어진 지역으로 면적은 5만여km²에 달한다.

4. 古尔班通古特沙漠(gǔěrbāntōnggǔtèShāmò): 新疆(Xīnjiāng)의 准噶尔(Zhǔngá'ěr)분지 중앙에 위치하며 면적은 4만8800km²에 달한다.

5. 巴丹吉林沙漠(bādānjílínShāmò) : 内蒙古(nèiměnggǔ)자치구의 서부에 위치하며 면적은 4만7천km²에 달한다.

6. 腾格里沙漠(TénggélǐShāmò): 阿拉善(ālāshàn)지역의 동남부에 위치하며 贺兰山(hèlánshān)과 雅布赖山(yǎbùlàishān)의 사이에 위치한다. 면적은 4만2,700km²에 달한다.

7. 毛乌素沙漠(máoniǎosùShāmò): 山西(Shānxī)성 榆林(Yúlín)지구와 内蒙古自治区(Nèiměnggǔzìzhìqū)의 鄂尔多斯(èěrduōsī)시 사이에 위치하며 면적은 4만2,200km²에 달한다.

8. 柴达木沙漠(cháidámùShāmò): 青藏(qīngzàng) 고원 동북부 지역의 柴达木(cháidámù)분지에 위치하며 면적은 3만4,900km²에 달한다.

9. 库木塔格沙漠(kùmùtǎgéshāmò): 甘肃(gānsù)성 서부와 新疆(Xīnjiāng) 동남부가 교차하는 지역에 위치하며, 면적은 2만2,000km²에 달한다.

10. 库布齐沙漠(kùbùqíshāmò): 鄂尔多斯(èěrduōsī) 고원의 북부에 위치하며 면적은 1만8,600km²에 달한다.

중국의 4대 초원

1. 呼伦贝尔草原(hūlúnbèi'ěrcǎoyuán): 후룬베얼 초원은 세계적으로 유명한 천연 목장이며, 세계 3대 초원 가운데 하나이다. 면적이 10만여 제곱킬로미터에 달하며 그 가운데 천연초장이 80%를 차지한다. 이곳엔 3,000여 개의 크고 작은 강물이 흐르고 500여개의 호수들이 곳곳에 퍼져 있다. 중국의 20대 여행 명승지 가운데 하나이다.

2. 伊犁草原(Yīlícǎoyuán): 新疆维吾尔自治区(Xīnjiāngwéiwú'ěrzizhìqū) 지역에 위치하며 일명 '那拉提草原(nàlātícǎoyuán)' '唐不拉草原(tángbùlācǎoyuán)'이라고도 부른다.

3. 锡林郭勒草原(xīlínguōlècǎoyuán): 内蒙古(nèiměnggǔ)자치구의 锡林郭勒(xīlínguōlè)연맹 내에 위치하며 면적이 107만여 제곱킬로미터가 넘는다. 몽고족 발원지 중 한 곳이며 징기스칸과 그 손자가 중원과 세계로 진출하였던 곳이다.씨름의 고향으로도 유명하며 중국 최초의 초원자연보호구역이다.

4. 那曲高寒草原(Nàqūgāoháncǎoyuán): 西藏(xīzàng)자치구에 위치하며, 총면적이 40여만 제곱킬로미터에 달하며 북방의 하늘이라는 뜻의 羌塘(qiāngtáng)이라고 불리는 곳이다.

중국의 1000만 이상 인구도시

1. 重庆市(Chóngqìngshì) 2,886만6천2백 : 直辖市(Zhíxiáshì)

2. 上海市(Shànghǎishì) 2,301만9천백 : 直辖市(Zhíxiáshì)

3. 北京市(Běijīngshì) 1,961만2천4백 : 直辖市(Zhíxiáshì)

4. 成都市(Chéngdūshì) 1,404만7천6백 : 四川省(Sìchuānshěng)

5. 天津市(Tiānjīnshì) 1,293만8천2백 : 直辖市(Zhíxiáshì)

6. 广州市(Guǎngzhōushì) 1,270만8백 : 广东省(Guǎngdōngshěng)

7. 保定市(Bǎodìngshì)1,119만4천4백 : 河北省(Héběishěng)

8. 哈尔滨市(Hā'ěrbīnshì)1,063만6천 : 黑龙江省(Hēilóngjiāng shěng)

9. 苏州市(Sūzhōushì)1,046만6천 : 江苏省(Jiāngsūshěng)

10. 深圳市 (Shēnzhènshì)1,035만7천9백 : 广东省(Jiāngsūshěng)

11. 南阳市(Nányángshì) 1,026만3천 : 河南省(Hénánshěng)

12. 石家庄市(Shíjiāzhuāng shì) 1,016만3천8백 : 河北省(Héběishěng)

13. 临沂 (Línyí)1,003만9천4백 : 山东省(Shāndōngshěng)

중국의 항공사(대륙52+홍콩6+마카오1)

대표적 항공사

（大陆）

· 中国国际航空(Zhōngguóguójìhángkōng): 영문표기 (AIR CHINA) - 국적기

· 中国东方航空(ZhōngguóDōngfānghángkōng): 영문표기 (CHINA EASTERN)

· 中国南方航空(Zhōngguónánfānghángkōng): 영문표기 (CHINA SOUTHERN AIRLINES)

· 海南航空(hǎinánhángkōng): 영문표기 (HAINNAN AIRLINES)

· 厦门航空(Xiàménhángkōng): 영문표기 (XIAMEN AIRLINES)

· 上海航空(Shànghǎihángkōng): 영문표기 〔SHANGHAI AIRLINES〕

· 四川航空(Sìchuānhángkōng): 영문표기 (SICHUAN AIRLINES)

· 山东航空(Shāndōnghángkōng): 영문표기 (SHANDONG AIRLINES)

· 深圳航空(Shēnzhènhángkōng): 영문표기 (SHENZHEN AIRLINES)

· 春秋航空(chūnqiūhángkōng): 영문표기 (SPRING AIRLINES)

(香港)

· 国泰航空(guótàihángkōng): 영문표기 (CATHAY PACIFIC)

· 香港航空(Xiānggǎnghángkōng): 영문표기 (HONG KONG AIRLINES)

· 澳门航空(àoménhángkōng): 영문표기(AIR MACAU)

중국의 열차종류

· G-000: 高速铁路动车(Gāosùtiělùdòngchē), 일명 高铁(gāotiě)라고 한다. 열차편명 의 G는 高铁(gāotiě)에서 따온 것이다. 한국의 KTX에 해당된다. 대표적으로 북경에서 상해까지 4~5시간이 걸린다.

· C-000: 城际列车(chéngjìlièchē)는 가까운 두 도시만을 운행하는 고속열차이다. 속도는 高铁(gāotiě)와 같은 속도로 운행된다.

· D-000: 动车(dòngchē)라고 하는데 高铁(gāotiě)와 차이가 없고 객차의 크기가 좀 작은 편이다.

· Z-000: 直达特别快速旅客列车(zhídátèbiékuàisùlǚkèlièchē): 약칭 '直特(zhítè)'라고 하며, 속도가 위에 소개한 열차보다 느리지만 중간 역에 한 번도 쉬지 않고 운행된다. 대표적으로 북경-천진을 오가는 열차이며 1시간 30분 정도 소요된다.

· T-00: 特别快速旅客列车(tèbiékuàisùlǚkèlièchē): 약칭 '特快(tèkuà)'라고 하며, 한어병음의 앞자리를 따서 표시한다. 일반적으로 성중심소재지나 혹은 현지의 대표적인 대도시에만 정차한다. 속도는 Z열차와 비슷한 편이다.

· K-000: 快速旅客列车(kuàisùlǚkèlièchē): 약칭 '快速(kuàisù)'라고 하며 일반적으로 지방급 행정 중심 도시 혹은 중요한 현급행정 중심 도시만을 정차한다. 가격이 저렴해서 이용자가 많다.

· N: 馆内快速旅客列车(guǎnnèikuàisùlǚkèlièchē): 약칭 '馆内快速(guǎnnèikuàisù)'라고 하며, 한어병음의 앞자리를 따서 표시한다. 이러한 열차는 일반적으로 일부 중요한 정거장만 정차하며 운행된다.

· L,A: 临时旅客列车(línshílǚkèlièchē): 약칭 '临客(línkè)'라고 하며, 한어병음의 앞머리를 따서 표시한 것으로, 필요시에 임시로만 운행되는 열차이다.

★ 앞에 영문자모가 없이 숫자로 표시된 것은 普通列车(pǔtōnglièchē)로 이전에 우리나라에서 운행되던 무궁화호 열차와 비슷하다.

공자학원 중국어

저자 **서원남**

- 현 한양대학교 중어중문학과 교수
- 대만정치대학교 중문과 석사
- 북경대학교 중문과 박사

공자학원 중국어

초판 1쇄 발행일 2019년 01월 04일

지은이 서원남
펴낸이 박영희
편집 박은지
디자인 김미숙, 최민형
마케팅 김유미
삽화 변아롱
인쇄·제본 AP프린팅
펴낸곳 도서출판 어문학사
　　　　서울특별시 도봉구 해등로 357 나너울 카운티 1층
　　　　대표전화: 02-998-0094 / 편집부1: 02-998-2267, 편집부2: 02-998-2269
　　　　홈페이지: www.amhbook.com
　　　　트위터: @with_amhbook
　　　　블로그: 네이버 http://blog.naver.com/amhbook
　　　　　　　 다음 http://blog.daum.net/amhbook
　　　　e-mail: am@amhbook.com
　　　　등록: 2004년 7월 26일 제2009-2호

ISBN 978-89-6184-485-7 13720
정가 16,000원

이 도서의 국립중앙도서관 출판시도서목록(CIP)은 e-CIP홈페이지(http://www.nl.go.kr/ecip)와 국가자료공동목록시스템(http://www.nl.go.kr/kolisnet)에서 이용하실 수 있습니다. (CIP제어번호: CIP2018039903)

※잘못 만들어진 책은 교환해 드립니다.